启真馆 出品

科学向脑看

曾志朗 著

ZHEJIANG UNIVERSITY PRESS
浙江大学出版社

目录

【自序】永远的科学人

云出草山入南港

用心动脑尽倾囊

清风巧拨世间雾

解迷且待科学人

离开美国的教职回到台湾，一转眼就过了十七个年头了。

这中间我除了教书、研究之外，也一直在学术行政的岗位上努力。刚回台湾的那几年，在嘉义民雄的甘蔗园里，看着中正大学宏伟的校舍，由土地上一尺一尺的"长高"，然后教授、学生们都来了，实验室的设备一件又一件补齐，图书馆的书和信息的平台也逐渐充实，几年之间，台湾南部有了一间教研实力相当雄厚的全新大学。在那些日子里，我也为《联合报》缤纷版写"科学向前看"的科普小品，后来集结成册，书名是《用心动脑话科学》！

为了开拓认知与神经科学的研究领域，我加入了台湾第一部功能性磁共振造影（fMRI）设备之建构，开始以荣阳团队的名义发表脑与认知的研究论文，以新的脑显影技术展示阅读中文时的脑神经活动；我们也希望能从基因到神经系统到行为表现到认知历程的整体运作中，去理解人脑演化的规律。这段日子，我一方面继续写科普小品，一方面也对教育改革的方向提出一些建言，谁知道会因为后者而忽然被延揽入"阁"。

负责教育行政工作，就在"九二一"地震垮了近百间灾区学校之后不久。我和同人们全力投入校园重建的工作，提倡新校园运动，规划智能型校园的建筑计划，争取最有利标的推动，直至这些带有地方文化特色的新校舍一处一处完成。新校园运动倡导的学校永续发展的概念，和我任内所提出的"推动阅读"、"生命教育"、"信息教育平台"、"创造力教育"等四个教育政策主轴，目的都是在为学生建立科技文化的环境，尤其是希望学生在新知识的吸收、理解、转输与创作上，能养成自发主动的态度。因此，在高等教育上，我也启动了大学分类的实质方案，并拨专款推动卓越教学，以提升通识教育的质量。这些日子，人在行政单位，但念兹在兹的还是科学研究，心中也仍然记挂着科普教育，自己却因为事务繁忙没有多余的时间写稿了。可是，一有机会，我会为好的科普书写推荐文，也会在各种场合做科普相关的演说，然后，一直到2002年2月《科学美国人》（*Scientific American*）杂志在台湾完成出版事宜，我才能全力去写我想要提出的一些观点。

引进有 150 年历史的《科学美国人》杂志，是远流王荣文和我长久以来的心愿，因为种种原因，我们能在 2002 年圆梦。而就在这个时候，我离开原先的职位，回到学术研究单位，当了"中研院"新增的副院长。科学教育是我的工作重点之一，因此就顺其自然地成为台湾《科学美国人》杂志的名誉社长，所负的任务是为每一期的《科学美国人》写一篇"科学人观点"。几年下来，这个专栏也叠积了相当多的文章，和其他科普小品文章在 2004 年集结成册，书名是《人人都是科学人》，其中最重要的喊话是"赛先生"与"德先生"是同卵双生子，两者成长健全，才是现代科技社会文化（STS）的基石。

转眼，《科学美国人》已脱离婴儿期了，我也在 2006 年年底接任了一个没有校园、没有预算、没有人事，当然也没有薪水的联合大学系统校长。但当我和台湾"清华大学"、"交通"、阳明、"中央"四个台湾顶尖研究型大学的校长们聚在借用的会议室里，大家的心里都非常充实。这是个 meta 的组合，用的是抽象的智慧，去增强四校各自的特色，以完成四校无远弗届的共同成长。空并不是空，同心合意，则无中生有，本是创意人的本事。因为这十多年，我所做的每一件事，所推动的每一项工作，想传达的是，不但要有大学，更要有大学文化；不但要有科学家，更要有科学文化！

编辑告诉我，又到了集结出书的时候。这一本书里的文章，有四分之三来自"科学人观点"，另外的四分之一，表面上看是一些应景、应情之作，其实它们都是我心目中和推动科学文化相关的作品。

为了定书名，我也想了很久，后来决定用《科学向脑看》，一方面反映我自己这十几年来为台湾所搭建的认知与神经科学的研究平台，另一方面也是近两三年"科学人观点"里的一个综合观测。科学家由四方八面而来，带着他们各自的专业，把研究的眼光专注到那个让自己能够建构出这精深专业知识的"脑袋"！

是的，科学家正在用尚在演化成多元思维的脑，去了解脑的演化历程！科学确实是要向脑看了，下一个研究主题当然就是"人的心灵及其复杂性"（Human Mind and Complexity）！

第一篇　证据说故事

1 女生哪有比男生聪明！

男中有女、女中有男，

两性的认知组成是既相似、又不同。

大部分在大专院校教书的教授都注意到近年来一个普遍的现象——班上的女同学越来越多了，尤其一些原来是男生天下的理工系所，女生的比例也逐年增加。这个趋势在社会风气越开放的国家，越是明显。在美国，从 1982 年起，女生获得大学学位的人数就渐渐超过男生，统计 25—34 岁的美国人，完成大学学位的女生占了 33%，男生只有 29％不到，相差近 5 个百分点，而且差距每年都在扩大。尤有甚者，几乎在每一学校所开的课程里，独占鳌头的总是女生。

那为什么老说女生"无才便是德"呢！为什么一定要"在家从父"（从母不行吗），要"出嫁从夫"（从己不行吗），还要"夫死从子"（从女不行吗）呢？太多的禁忌使得女性从小不敢出人头地，在某些职场的女性主管，更要永远保持低调，因为稍露锋芒，即被贴上"富有攻击性"的标签。"谦让是一项美德"其实是社会对女性的普遍期待，感叹"弱者，你的名字是女人"则是带着假同情的歧视，女强人的称号更载着太沉重的侮辱信号。几千年来，人们从来不让女性的智慧潜力有公平发挥的机会。

有长远文明的希腊女性，只能以调侃似的口吻展示她的驭夫之术、持家之道："让男人自以为是头，可以左右并且决定我们女人何时应该做什么、不可以做什么，其实我们女人才是脖子呢，转到哪里，头就必须朝向那里。主控权在我呀！"这种看似充满"睿智"，其实只是阿Q式的自我解嘲，更反映出女性只能有隐藏式的智慧，但不可以特意去展现外显的能力。因此，长久以来，人类社会的女性智慧一直受到压抑，根本毫无用武之地！

科学家若仔细检视这些现象，则不得不面对一个可能的假设：如果把社会加诸在女性身上的有形与无形的束缚拿掉，那在聪明才智的"本性"上，女性是否比男性更为"至善"呢？

从各种学校考试和课业的总成绩看来，事实也确是女生的分数比男生高出许多。但难道我们就可以反过来说，女生比男生聪明吗？这只不过是把男、女生的位置颠倒过来，其实是非常误导的想法。首先，什么是聪明？我们常听到的说法是女生比男生聪明，因为她们的成绩比较好；但我们也同时会听到，女生的课业成绩比较好，所以应该比较聪明。这等于什么都没有解释，只是在耍嘴皮而已，而且一耍就是上百年，对人性的了解非但没有帮助，反而助长隔阂与歧视。

正本清源的方法，就是不能再把心智能力当成一个单一的、统合的内在特质，而且要认清各族群"内"的个别差异数，比之族群与族群"间"的差异数要大得多，两性之间的差别也是如此。更重要的是，要确切了解某一项成就背后的智能，其实是后天的"教养"与先天的"天性"互动下的结果。

从演化的观点，天性指的是个体适应外界环境变异的某些特定的倾向，这些不同的倾向表现在适应环境变迁的作业流程上。适应就是要解决问题，而解决不同的问题就有不同的作业要求。任何信息的习得、储存、选择、提取及应用，都各有成功与失败的几率，而且速度也不一样。再者，储存的表征编码（如语文码或空间视觉码）也和个体的倾向有关。

一般而言，女性对语音的感知、语意的掌握及长期记忆的故事情节的提取，都比男性快很多。所以，在规定的时间内完成作文的作业，对女性非常有利；也就是说，如果联考加考作文，则女生的成绩就必然会更上层楼。但这并不表示女生在所有的语文测验上都比男生好，如果考的是语文比拟（verbal analogy）测验，而不是一般取自课本或讲义上的知识记忆题目，则男生又跑到前面了，因为前者的作业需求是语意的"对应"关系，女生在这方面就比较弱了。

视觉空间能力的展现也是如此。小至四岁的小男生在想象物件的３Ｄ（三维）转移时，成绩就比同年龄的女生好，而且差距随年龄增大。同样的，男生对物件移动速度的判断，也比女生准确很多。但女生虽然对空间的大方位没有什么概念，对局部的空间安排却历历如绘。也就是说，走进超级市场，女生对东西摆放的方位可能会判断有误，走错地方，但只要知道位置，架上排列的各种商标品牌，她们可是一清二楚，毫不含糊；男生则大概知道方位，却常常不知道在那位置上有哪些不一样的东西。

看来，男女确是有别，但不是谁比谁聪明，而是他（她）们对环境的感知与对解决问题的策略倾向从小就不一样，适应的成果也就各有千秋。但强调倾向，就表示不是必然，因此男中有女、女中有男，两性的认知组成是既相似、又不同。

这样的理解是正视差异，又接纳差异，更欣赏差异之所在。这世界本来就不一样，男人、女人都不必为追求平等而改变自己。这才是人道的考量。您说是吗?

2 婴儿眼里有西施

让初生婴儿当选美裁判，

保证过程公正，选出绝对的自然美！

您一定常常听到"情人眼中出西施"这句非常浪漫的话，也很可能和大多数的人一样，都被"对热情的向往"冲昏了头，相信"美貌"真是种个人的选择。如果您确是这样想，那么您将如何诠释"爱美是人的天性"这一句至理名言？前一句话指的是，对美貌的判定标准因人而异，而且这种个别差异的缘由，可能是成长过程中的社会化结果，也可能是天性使然，没有什么规则可言。但天性又是什么呢？对"美"的审度到底是普遍性还是个人化？这两句俚语看似成理又相互矛盾，您应该已经体会到科学家在面对"前人智慧"时的困境了吧！所以科学家不太愿意去研究美的感知，并非他们心中没有美，而是在科学的架构里，很难去理解什么叫作美，也确实不知道如何去界定美，遑论进一步去分析研究。

但"爱美"这件事实在是太重要了！个人为瘦身、整形、

"隆"此"缩"彼，可以倾家荡产，王公贵族可以不要江山、宁要美人，霸王乌江自刎要先别姬，后主仓皇辞庙也要挥泪对宫娥，历史上更不乏一个又一个"一笑倾城，再笑倾国"的故事。埃及有艳后、唐皇有贵妃，神话中有海伦、史实里有陈圆圆，她们的美有共通的特征吗？环肥燕瘦，各有所爱，是真的吗？还是"美貌必有本，鬒笑再生姿"呢？也许科学家可以客观的方法来帮我们解惑主观的困惑吧！

如果爱美是天性，那么我们就先从个体出生时开始测量吧！因为先贤至圣也曾断言，"人之初，性本善"，所以趁着初生婴儿还没机会受到"近朱者赤，近墨者黑"的默化，先一步观测他们对脸形的美与否有没有普遍性的感受。也就是说，为了证实"爱美是人的天性"，科学家必须抢先在婴儿被社会化以前，就测试到他们对美丽的脸形确实有特别的偏好，而且这偏好是可靠的（即有信度），也确实是针对美貌的向度而作的抉择（即所谓有效度）。

首先，科学家要为"客观界定美貌"这个向度去建立一组女人脸形的相片，相片中每一张脸的发型都差不多，除了眉毛及五官的变化之外，其他可能影响脸形特征的变异都尽量去除，譬如都不戴眼镜。用这样谨慎小心的态度去拍摄出 20 张不同女人的脸的相片，然后请 100 位大学生各自针对这 20 张脸作出美或不美的评估，计算这100人的给分得出平均值，就会得到这20张脸由最不美到一般到最美的排列。我们把这20张脸的美的程度量化，有了客观的美的高低排序。

接下来，再到妇产科医院找到40位4—6个月大的婴儿，每次测试一位。让婴儿坐在妈妈的怀中，正前方放着两个电视屏幕，左右对称，屏幕上各有一张由20张脸中随机选出的脸，然后测量婴儿的眼光在每一张相片停留的时间，近年来发展心理学家一再证实婴儿"偏好注目"的时间，反映出婴儿对该物件的喜好倾向。因此，我们面临两个问题：第一，婴儿可能区分这20张脸的照片吗？第二，如果第一个答案是肯定的，则这20张脸的排列次序和那100位学生所排的次序有关联吗？在我给您答案之前，必须提醒一个重要的实验步骤，即妈妈必须戴上眼罩，否则透过肢体语言，妈妈的喜好可能就在无意中影响了婴儿的选择。

类似的实验在好几个婴儿实验室都得到同样的结果，婴儿不会说话却能用眼睛表达他们对美的看法。他们偏好注目的排序，和成人的美的排序有很高的相关，充分表示了爱美果真是人的天性。更值得我们深思的是，经过20多年的社会化，大学生对美的看法竟然和初生婴儿没有两样，表示爱美其实是有很深的生物基础的。

上星期，在一场对学生家长的演讲里，我兴高采烈地报告了这个"婴儿爱美人"的实验结果，演讲后，好几个妈妈却一致发言，说为什么花钱、花精力做这些实验，婴儿爱美的事实，妈妈都知道，心理学家真是多此一举！我只能告诉她们，科学的知识不能只凭印象，一定要系统化，才能去芜存菁，才能验证细节，才能发现机制，才能提升理论的水平，才能有凭有据地告诉审美大会的承办单位："让初生婴儿当裁判，保证过程公正，选出绝对的自然美！"

3 伦勃朗的眼睛

其实看画确实可以看出很多道理的!

自从把《达芬奇密码》狠狠地快速阅读两次(一次看原文本,一次看中译本)之后,我忽然对西洋的宗教及人物画产生神秘的好奇心,走进画廊看到一幅幅的画,我不由自主的就一一仔细研读,总以为在画中会有隐藏的讯息,待我这有心人去解读。上星期去一位笃信基督教的朋友家,客厅里挂了一幅米开朗基罗《创世记》的复制品,我就如癫似痴地研究起来,希望在里面找到一些启示的秘箴。朋友待我全神贯注地扫描一番,也让我有充分的时间屏息寻秘,然后说:"有何发现?"

我胸中已有定见,就拉着朋友到画前,品评一番:"《创世记》这张画真是有意思极了!一般通俗的解释是,上帝坐在飘浮的云朵中,在几位小天使的欢乐护拥下,伸出右手的手指,把'生命'传到一旁的亚当的左手手指上。这是创世记中人类生命由来的故事。依我的看法,这样的说法是错的。米开朗基罗真是个天才的先知!他画的并不是上帝把生命传给亚当,而是把'智慧'传给亚当，画中充满了各种线索，不断在暗示这一个讯息。例如，画中的亚当栩栩如生，哪需再加持生命；你再仔细看，上帝的手指和亚当的手指并没有直接接触，而是保留一小间隔，这个暗示太重要了，现代神经科学家到最近几十年才了解，神经元和神经元之间的传导不是如一条电线和另一条电线必须接触才能导电，而是经由神经突触和突触之间的离子的平衡状态的破坏，导致另一条神经的活化。这个电化作用是一切学习的基础，所以米氏的画所揭示的是，上帝把学习的机能传给了亚当。而且最重要的是，这个机制来自人类的左脑，是理性的本源所在地！"

我看朋友一脸不信的样子，就指着画中承载上帝的云朵，向他仔细解说："你看那朵云的样子像什么？是不是像人类大脑解剖图中的左脑半球的形状，连分开左前脑和左后脑的回沟都那么清楚可见。米开朗基罗若不是先知，怎可能在500多年前就了解了左脑拥有人类逻辑推理的功能，所以他要上帝把真正的智慧传给亚当，作为给人类的礼物！"

我可以从一张画中看出这么多启示，朋友虽然不服气，却不得不佩服我穿凿附会的本事。但他仍试图"教育"我一番，说："你讲得煞有介事，但都是事后解释，虽然有许多巧合，但并没有其他独立的数据来加以佐证。科学是讲究证据与证据之间系统性的因果关系，不是像这样看到什么像什么，就一定是什么的论述方式！"

听到朋友这一席科学感言，我就放心地把适才的伪装全部卸下，恢复了科学人的本体之后，再次发言："我完全同意你的说理，可是时下多的是这种神话连篇的科幻故事，稍一不慎，就以为有了科学的新发现。客观的检验，才是一切科学证据的基础。其实看画是确实可以看出很多道理的！哈佛医学院的两位视神经科学家对伦勃朗的最新研究，就是最佳见证。"

我在他的书架上，找到了一本伦勃朗的画册，翻开伦勃朗从年轻到年老的十几幅自画像，我拿尺仔细测量每一幅画中两只眼睛的瞳孔位置，看看水晶体旁的眼白部分是否对称，这样就可以算出每一只眼珠的凝视点。仔细比对之后，很明显的事实出现了，伦勃朗的两只眼睛凝视点都不同，这表示他可能是看不到立体的形状。这么伟大的画家竟然没有立体的知觉，这不是很奇怪吗？但是，记得我们上绘画课时，老师总是要求我们把一只眼睛闭起来，只用一只眼睛去感知物件的颜色。所以，伦勃朗的"立体盲"应该不会造成太大的负面影响，反而可能因为他对颜色的感知比别人都强烈，造就了一个划时代的画家！

朋友颇不服气（科学人要的就是挑战精神）——嫌画册的图

像太小，眼睛的测量过于粗略，他马上上网去寻找这个荷兰画家的数字化作品，在屏幕上加以放大，让眼睛的黑白更为分明。他埋头苦干了几小时后，抬头对我说："你对了，伦勃朗确实是个'脱窗'！"

所以，只有让好质量的证据呈现，才是好科学！

4 亲爱的，您可曾听见我的呼唤？

因为实验做得正确，

锦花鸟的冤情终得平反！

2009 年 12 月，到欧洲开会，趁着休息时间，带着几个学生一道去巴黎大学动物实验室，探访几位以前在加州大学共事的朋友。才从风雪交加的街道走进温暖的室内大厅，远远的就听到好友以那熟悉又满载法国味的英语在发表高论，他正和另一位同事在聊天。只听见他语带羡慕，又惋惜地说："那一对情侣总是成双入对，看起来，感情好得不得了。女生这一方对男生简直是有呼必应，只要男的喊一声，女的不管在哪里，正在做什么，一定马上就抬起头来回应，如果别的男生叫，她就理都不理；但很可惜的是，男生那一边就没有这么热情，对女生的呼叫，他总是爱应不应的，就像对一个陌生人一样。这样不对称的感情，实在令人感到不公平！"

我走上前去，拍拍老友肩膀，同时向他的同事点头致意，就数落起这位老友："我千里迢迢来拜访你的实验室，听说你们做了好多漂亮的实验，以为可以学到一些新的理论，想不到你却在这里闲聊男女八卦，到底是你实验室的哪一位花心大少正在欺负女同事，不如我们一起去对他'咆哮'一番，晓以大义，看能不能使他对感情专注一些，对爱他的人有相同的回应。"

朋友和他的同事听我的这一番调侃，愣了一下，忽然间爆出大笑，眼泪都流出来了，一面指着我的鼻子说："你想到哪里去了，什么男同事、女同事的爱情八卦！我们正在说锦花鸟（zebra finch，一种澳洲原产、很会唱歌的鸟）的对唱实验。你知道它们是生物界公认恋情非常专一的夫妻鸟，通常都是配对之后，就从一而终，非常恩爱。但我们在实验室做对唱的实验时，却发现母鸟（female）对它配偶的歌声有辨认的能力，即使是在只闻其声不见其影的远处发声，母鸟都能只对配偶的歌回唱，对非配偶的鸟声就懒得回应了；而公鸟则不然，对配偶和非配偶的歌声一视同仁，回唱的次数没有显著的差别。到底公鸟是无法辨认母鸟的歌声呢？还是有辨认能力，却真是天生劈腿族，对配偶的情感难以专注？我们在这里讨论实验的结果与其含义，是严肃的学术交谈，哪像你，才到巴黎，就被香水迷昏了头，把我们的研究发现听成街边巷尾的男欢女爱的故事，真有你的！"

我觉得很不好意思，但只能怪英文以 male 和 female 分辨雄雌，而且人鸟不分。如果是用汉语，男人、女人，公鸟、母鸟，分辨得清清楚楚的，我就不会听错了。话说回来，这个研究发现很有意思，但也太不可思议。一般说来，锦花鸟虽小，但公鸟对配偶的保护是无微不至的，也可为配偶和其他公鸟不惜一战。所以说它们无法辨认配偶的呼声，实在是有些矛盾。会不会是母鸟唱的歌过分简略（比之公鸟歌声的繁杂，母鸟唱的歌是简单多了），所能提出的区辨度太少，因此公鸟就是再认真聆听，也无法辨认哪一串歌声是属于自己配偶的。

　　我把这个意见向好友提出来。他们说："早想到这个可能性了，而且我们也用音谱仪去分析不同母鸟的歌声，发现只要用 17 个声音的物理参数去检验这些歌声的特质，则每只母鸟的歌声都有独特的性质，公鸟应该很容易分辨的，所以它对配偶的歌声没有特别的关照，一定是它太花心了！"我仔细研读母鸟歌声的音谱，也对朋友所提出的区辨方程式反复的校对，不得不承认朋友的说法，开始对公鸟的无情有些生气，简直是毫无"人"性，这种鸟性，令人不齿！

　　朋友见我义愤填膺，开始替母鸟向公鸟呛声，数说它们的不是，就拿出另一份数据与图表，对我说："且慢生气，我们原来的实验没做好，让结果出现了严重的错误，误导了大家的看法。我们原先的实验为了简化所有的实验条件，就让公鸟单独听歌，忘记了公鸟生存在鸟群的社会情境中。把鸟孤立起来作研究，就剥夺了鸟的生态环境，忽略了它的社会性。后来，我们在实验中重建公鸟的社会情境，让它和其他公鸟为伴、或和非配偶的母鸟为伴、或和自己的配偶一起来聆听不同母鸟的歌声，结果令人震惊，后者的回唱次数，比前两者的回唱次数多了好几倍，充分展示了公鸟对其配偶的关爱之情。满意了吧！"

　　我再次检查所有数据，对这个第一次在非灵长类的动物中发现的社会型认知结果，感到非常欣慰。我们对动物行为演化的缘由，有了进一步的认识，但这个研究最让我感动的是研究者能矫正自己的错误，更由生态效度的观点去重新设计实验，得到了完全不同的结论。由于实验做得好，锦花鸟的冤情终得平反！

5 星际论战，但看石雕

希巴克斯才是我们的英雄！

街头摄氏零下八度，除了开会非得顶着刺骨寒风外出，大半时间我只能躲在旅馆房间内，望着窗外越飘越多的雪花，正前方纽约中央公园里那一棵棵大小不一的树，像是穿上白色大衣的雪人，安安静静站立，聆听寒风的咆哮。我转头聚精会神凝视桌上一早送来的《纽约时报》，心里一阵兴奋，科学版刊登了一则新闻，那是一月中旬美国天文学会的科学家在圣地亚哥开年会时，被公认为近年来最令人喜悦与赞赏的大发现。人人津津乐道，报上也由许多资深科学记者撰文广为讨论，我虽然不是天文学的研究者，也不能不被这些报道吸引。我迫不及待透过无线网络下载更多的报道，更大而清晰的擎天神阿特拉斯雕像（Farnese Atlas）的图片，把它的身世看个究竟。难道那是雕刻在陨石上的作品，或隐藏了什么密码，才会引起天文学界的惊艳？

不是的，那不是外太空掉下来的陨石，而是1800多年前罗马雕刻大师以大理石所刻成约二米高的雕像。说的是希腊神话里阿特拉斯被天神宙斯惩罚，去撑起整个天界的故事。这尊大理石雕刻收藏在意大利那不勒斯国立考古学博物馆中，参观的人无不惊叹其雕工之精、造型之美，但很少有人了解阿特拉斯奋力以背撑起的那颗天体之球，隐藏了千古的智慧。直到美国路易斯安那州立大学一位天文科学家布莱德利·薛佛（Bradley E. Schaefer）注意到那球体上浮刻的 42 个代表天上星群的图像位置，很可能反映了两千多年前星群的方位。

这个发现很有趣。以现代天文物理学的精准计算，是可以根据这个星群的方位与坐标，推算出它们出现在这些相对位置时的年代，薛佛教授的贡献就在这里。因为这些精准的年代推测，连带解决了雕刻阿特拉斯雕像的大师是根据谁的星球目录才能刻出这天体之球，是公元前 1130 年的叙利亚星象图吗？还是公元前 336 年欧多克索斯（Eudoxus）的传述呢？是根据公元前 275 年诗人阿瑞塔斯（Aratus）所写的星象诗集里描绘的方位吗？还是根据公元 128 年托勒密这位伟大天文学前驱所写的《天文学大成》（Almagest）的记录呢？

薛佛用各种角度拍摄天体球，并选了 70 个点来计算星群之间的距离与相对位置，然后比对两三千年前行星运行的轨迹，用 x^2（chi square）的统计推理去求最小差异值，结果发现，天体球上所呈现的显示图，应该是公元前 125 年希腊人夜晚抬头仰望天上星星的奇观，若加上计算的误差（推估为 55 年），则阿特拉斯背上的天体球所刻画的星象应该是出现在公元前 180—前 170 年。这个年间距就一起排除了上述那些人的作品了。有趣的是，如果以上皆非，则到底是根据什么星象图而来呢？

啊！这会不会就是根据那位希腊最早的天文学家希巴克斯（Hipparchus）所写的《星球图志》（*Star Catalog*）呢？许多历史学家皆有记载，希巴克斯在公元前 129 年写了这本书，但它可能烧毁在埃及亚历山大城图书馆的那场大火中，已经失落不可复得。薛佛的发现，证实了图志的存在，也再次见证了两千多年前希巴克斯是个观察入微、且有能耐把星群运行的道理具体转化为球体模型的科学家。其实在出土的古希腊钱币上，就刻有希巴克斯在模铸天体球的图像。薛佛让我们在几千年后，仍能从阿特拉斯雕像中体会古人智慧的成就，你说我能不感动，能不也跟着感受到前人智慧的喜悦吗？

回到台湾的这几天，我拼命把这个喜悦与同事共享，请他们务必看一看那座雕像。但同时在网络上，我又看到了另一波讨论，原来薛佛并不是第一位讨论那颗天体球的人。在 1987 年一本不甚知名、研究科学仪的科学期刊 *Der Globusfreund* 上，曾登过

Vladimiro Valerio 教授的一篇文章，他也曾计算球体上的星球年代，但他的结论是托勒密的《天文学大成》才是雕像的原典。

桌上计算机屏幕，几个关于薛佛、Valerio、阿特拉斯雕像的视窗并排显示着，我兴味盎然观看科学上的争辩。让证据发言吧！以公元前 129 年的星空景观去比对亚特拉斯雕像的天体球，误差很少；而若以托勒密时代的星空景观去比对，则误差就大得太多了。千年论战，尽在石雕上：希巴克斯才是我们的英雄！

仔细再看石雕，阿特拉斯忍辱负重的脸庞，似乎因为千古之谜得以解开，而有了笑容?！

6 烧酒饮一杯，乎干啦！

化学家分析出土陶器，告诉我们

人类醉了不止一万年。

"文明就是工具的进步"，这是我们小时候自然课本里的一句话，我一直很喜欢它的简捷利落，而且表义清晰，所以长大后每次有机会参观世界各地的历史博物馆，我总是非常注意出土文物的制造过程，以及这些器皿的功能如何一步一步地精进。从人类揉土为器、烧陶为皿，制造盛水的瓶罐开始，文明的进展随着器皿的耐热程度日益精进，陶制品可以耐温高达3000℃以上，其背后的知识文明，比之远古那茹毛饮血且"衣食不足，何知荣辱"的时代，当然是不可同日而语焉！

这些越来越耐温的陶土制品，是用来做什么呢？当然，装水、装温水、装热水是主要的功能，但也可装五谷杂粮，装腌菜、腌肉，然后不知从哪个时代开始，有人也用来摆花弄草，就有了花瓶的功能了。有了绿叶持红花，又有白梅倚松枝，哪能没有古典或现代、稳重或流畅、环肥或燕瘦等各类式样的花瓶呢？忽然之间，人类已进入追求抽象的美与丰富多彩的需求之境了。

但这些瓶瓶罐罐除了装水、装花草之外，更重要的是装酒。因为人类在很久以前就懂得饮酒作乐，而且把这种醉人心神的液体，献给上天，献给大地，献给众神，当然更要用来祭祀列祖列宗，祈求保佑。所以藏酒、盛酒、饮酒就成为陶制器皿的主要功能之一了。酒成为娱乐文明的表征，也是宗教文明展现的媒介，更重要的，酒的酿制是人类创作发明史中最值得回味、影响最深远的一项成就。

但人类并不是一定要有酒才会醉。自然界的许多花草果实，咬在口里、咽下喉道、消化在胃里，随血液循环到脑中，刺激内啡肽的分泌，人就会 high 起来。但这个 high 的感觉和三杯酒下肚之后的微醉之感，是没得比的，何况好酒含在口里的温馨之感，是槟榔怎样细嚼都嚼不出的感觉，而且扑鼻的酒香，回嗝的淡香，都是其他的花草之 high 无法比拟的。酒，是要经过特别技术酿造出来的，所以，远古那些发现、发明并发展酿酒之术的人，才真是值得我们这些只要喝一杯就快乐似神仙之辈大大的尊敬与膜拜呢！

那么，人类到底什么时候开始懂得酿酒之术呢？前几年，法国标售了一瓶号称已保存 300 多年的酒，打开已不能喝了，因为已经变成了醋；而不久前，我有幸喝了一杯据说保存了 150 年的红葡萄酒，并没有什么特别的感觉（其实我也不知道要去期待会有什么不同的舌觉）。但这些年代都太近了，不能回答创酒史的问题。倒是1980年在大陆出土了一件3000年前的青铜器，因为所有的裂口都给锈住了，里面保存的酒居然还没有蒸发掉，打开之后，酒味已走了大半，但它确实是米制的酒。所以，在3000年前，中国就已有很精进的酿酒技术，是毋庸置疑的。

但这并不是最早的酿酒证据，考古人类学家在中东地区挖到了几个制酒场所，年代都在5000年以上，而在去年的一份科学报道中，从伊朗出土的盛酒器里，发现了残留的酒迹，那批陶罐的制造年代已经超过7400年。对了！要寻找更早的酒的痕迹，答案还是在更早的陶罐上，只要从出土的陶罐中去寻找残留的酒的痕迹，就可以推测在那个年代里，人们已经有酒可饮，而只要进一步分析残酒的成分，就可以推测当时酿酒的技术了。

根据这样的逻辑思考，美国费城宾夕法尼亚大学考古与人类学博物馆的一批化学家，6年前接受了来自中国考古学者的委托，将1984年在中国河南省舞阳县贾湖遗址出土的16个陶罐进行化验，他们用5种不同的化学分析方法，去鉴定渗透在陶罐中的残留物成分。去年底这份研究报告出炉，发表在《美国国家科学院学报》（PNAS）。分析结果让他们确定了这些残留物中有米、蜂蜜和野生葡萄的痕迹，对照现代人酿造的米酒和葡萄酒，两者的化学成分非常接近，而前者的陶罐烧制年代大约在 9000 年前。

看来，在将近一万年前，中国和中东两个地区，同时都开始把野生植物变成农业生产的一部分，而越来越复杂的社区生活形态，也驱使饮酒文化的兴起。有趣的是，经过了将近一万年，中国造酒的基本方法并没有多大的变化，和 3000 年前那装在青铜瓶子里的酒之成分相比较，是如此；和现代街上买到的米酒相比，也是如此。

其实，现代人所掌握的酿酒技术，不能说没有进步，但主要的进步还是在香料和不同草药的搭配，使酒的香味更为浓郁，而酒瓶的妆扮更为美观精致而已。当然，利用各种杂粮和花果的性质，制造出味道不一样的酒香，更营造出了红酒配肉、白酒配鱼等等适材适酒的舌尖文化。

说人类文明的进步反映在酒的文化之变迁中，当不为过！这几天，在异乡开会，久未见面的老友带了一瓶私房酒到旅馆来，说是家乡酒要和家乡人对饮，打开一看，是金门陈高，一开瓶，果然满室生香。道往事、会老友，想李白、忆东坡，今夜可以以酒入诗，可以乘醉为文，可以把盏为乐，载酒而歌……

烧酒饮一杯，干啦！

7 文化是一种选择

冈贝河畔的猩猩行礼如仪以示友善，

那应该也是一种文化的展现吧！

你看过《上帝也疯狂》那部电影吗？如果还没有，那你真应该去租张 DVD，在家里好好的享受一番。这部老电影绝对是老少咸宜，既有非洲的原野风貌，又有各类鸟飞兽奔的绝妙奇景，但最令人赞赏的是剧情创意十足，风情无限。

电影中以现代文明与原始部落文明的矛盾，以及双方对某些特定事物的看法没有交集，而延伸出许多令人捧腹的场景。例如，如果你在一个没有现代科技产品的丛林中生活，忽然间由天上掉下来一只可口可乐的玻璃瓶子，恰恰好打到头上，你会如何看待那一个和周遭生活环境完全不符合的"东西"呢？是神赐的礼品，还是魔鬼丢弃的不祥之物？

这部电影并没有以现代文明去贬讥原始部落的生活形态；相反的，它标示了生活纯朴简陋的丛林人（Bushman），对现代文明的复杂以及现代人为物所役而引起的钩心斗角，感到不可思议。

他们在团队的生活圈中各取所需，不会贪得无厌，也没有把外物（如可口可乐玻璃瓶）据为己有的私心，反而是全村老少围在一庭，大家讨论如何处理那个外来的不明之物，充分展现了生命共同体的特质。仔细听他们一来一往的轮流说话，不但长幼有序，而且充分尊重当事者（发现外物的人）的发言权。

更有趣的是他们讲的话，除了我们习惯听到由声母、韵母组成的音节之外，间夹着舌头打在牙齿背后所形成的"答啦""答啦"声音，这是这群匹克美（Pygmy）原住民非常特殊的语音。根据历史语言学者的研究，他们的语言属于人类最古老的语言，而这些"答啦""答啦"的齿后音可能是模仿斑马跑步的声音。

如果我没有提醒你这些"答啦""答啦"的声音，而你也只注意影片中有一群人说外国话，那你可能根本听不到这些"答啦""答啦"的声音。如今，你知道有这些奇特的声音了，再去听那群人说话，忽然之间，你会被这些无数的"答啦""答啦"声所吓倒的。但为什么在未被提醒之前，你一个也没听到呢！语言的感知真的很妙，我们只习惯听我们所熟悉的语音，而那些不熟悉的语音，并不是感官里不存在，只是我们不以为意，就有"听"没有"到"了。其实我们这种选择性的注意，代表的是一个社会文化的行为表征。所以，文化最简单的定义，就是一个社会针对某一种需求，在许许多多的可能性中，选择出某些特定的作为，共同塑造了某些行为表征的形态。所谓约定俗成，其实指的是选择的过程，也是结果。

根据这样的定义，文化中很多符号的象征意义，其形成很可能是没有特定含义的。记得我30多年前初到美国，在乡间的大学城求学，住在学校宿舍，同寝室的室友是一位很调皮的美国学生，他告诉我，在这个乡村开车要转弯时，驾驶人必须把手伸出去，以中指示意转弯的方向。我信以为真，每次开车转弯时，总是伸出中指去指路，因为我觉得大拇指是尊重，小拇指是贬抑，而食指又太没有礼貌了，所以中指应该是比较中立的。

我比了好几次，自以为很得体。有一次，我的指导教授问我为什么喜欢伸中指，我还很得意地说明这个乡村的习俗很符合中国古礼的中庸之道，他笑歪了，才告诉我不可以再随便伸中指了。原来在欧美的社会里，选择了用"伸中指"表示很不堪入耳的词汇，是一种特殊的文化。而我好意的解释，全表错情了。我回到宿舍，对我的室友伸了一次中指，从此就不再犯了！

其实，在很多不同地区，人们用不同的方式表达同样的含义，有时用同一个方式却又有完全不同的含义。例如，我们想知道外面有没有下雨，就把手掌伸出去，面向上去试探有没有雨滴；但听说巴黎的人却是手背向上，也达到同样的目的。还有，在我们这里对人伸舌头，表示厌恶；但在西藏，对人伸舌头，表示绝大的敬意哩！

更有趣的是摇头，在我们这里，当然是表示反对；但我有一次在印度的大学演讲，把自己最新的得意之作，做了自以为最精彩热情的介绍，预期台下的听众一定会听得如痴如醉，大为欣赏。谁知道，我放眼一瞧，底下的几位大老确实是仔细在聆听，却大摇其头，我心慌意乱的结束演讲，但又得到满堂热烈的掌声，真是百思不得其解。后来，悄悄问其中一位研究生，他才告诉我，摇头表示赞美！原来是入神到摇头晃脑起来了，还好！还好！

我们的祖先拱手作揖，表示寒暄问候；现代人则趋前握手，也许还加上拥抱，展示友善之意；在《上帝也疯狂》的电影里，丛林里的匹克美人表示友谊时，伸出左手，把手掌放在对方的胸前，放稳之后才侃侃而谈，这些都是人类社会的特定文化。但是最近研究猩猩的学者，在冈贝（Gombe）河畔的猩猩群中，发现很有趣的表现友谊的方式。在那里的成年雄猩猩，要相互表示友善时，竟然都要把左手伸高捉住树枝，然后用右手在对方的胳肢窝做梳理的动作；但幼小的猩猩却要经过社会化的学习过程，才学会这种行礼如仪的动作。所以，我如果根据上述文化的定义，说这些猩猩是有文化的，你会同意吗?！

8 讲古：一粒晶盐，生机无穷

一场二亿五千万年的争论，

让生命的科学发出光芒。

"彭祖年高八百"是小时家乡耆老讲古时爱说的故事，我当然知道那只是个神话，在现实的世界中并不存在，但是人类的平均寿命百年来一直往上提高，由四五十岁到六十岁，在某些先进国家可达到七十岁，甚至超过八十岁。也许再过几年，随着生物科技的进步，人类对身心自我管理的条件越来越好，而社会环境的谐和度也逐日提升，促使意外死亡的事件趋近于零，那时候，人类的生命期望值（俗称寿命）会飙到哪一个高度？是两百岁？还是五百岁？真是八百岁吗？那"彭祖年高八百"就不是神话，而是预言了。

其实，从人类寿命延长的这个史实，再根据各项生理、社会条件的变革，加上生物科技的突飞猛进，去追踪寿命提升的趋势，然后下一个论断，在多少年之后，人类生命的期望值会到达几百岁。这些臆测，当然可能（possible），但实际上，这样的期待真是太不可能（improbable）了。因为变量太多，而且没有一个实例，证明生命体可以活那么久。

所以，当我们要去寻找长寿的机制时，有一个核心的问题，就是在地球最真实的生态演化中，最长寿的生命实例是什么？它有极限吗？

有人马上可以指出来，阿里山上的神木不是曾经活了3000年？而且世界各地发现仍然活着的几千岁大红桧，也时有所闻，甚至于活上万年也不稀奇。美国加州沙漠上，曾经发现活了1200年的树丛；而在澳洲塔斯马尼亚的 Kings Lomatia 大树已经活了44000年，还越长越高。但这些都是植物，而且已经失去了有性生殖的能力了。那么我们所熟悉的动物呢？龟不是可以很长寿吗？到底有多长寿？1770年，知名的英国航海冒险家库克船长（James Cook），曾经送了一只马达加斯加的大海龟给东加王国的皇族。这只"贡"龟在1965年死亡，大概活了188年，真的是长命百岁，但距离"年八百"还有很长的距离。

看来，由神话变成预言的可能性是越来越小了。在真实世界中，要想寻找超出两百岁高龄的生命体是很困难的。面对这样不算高的生命期望值，的确是有些令人泄气的。所以，你一定可以体会，在2000年10月《自然》杂志上所发表的那篇非常长寿的生命体的文章，会引起多大的震撼。三个科学家在美国新墨西哥州的沙漠上，找到了一块盐结晶，里面有一小水泡，而在流体中竟然发现了一个活生生的细菌。它有多少岁了？乖乖！根据研究，这块盐形成结晶体时，距离现在已经有二亿五千万年了。虽然说这个暂被命名为 *Virgibacillus Species 2-9-3* 的细菌老祖宗，泡在流体中不动如在深眠中，但它是活的，却是无可疑义的！三位科学家如获至宝，赶快联名发表，公告这个赋有"生命启示录"的重要发现。

这篇文章一发表，信者当然拍手叫好，但学者中不信者大有人在。生化科学家首先发难，质疑竟然有核酸会经历如此长久的年代，仍能保住其原始状态。就算该细菌在结晶体中深眠如孢子，其 DNA 应该也会受到地面紫外线的影响而产生变化；即使深埋地下，地壳变化所引起的自然辐射也会对它有所作用的。地质学家接下棒子，也提出反对的意见。他们研究了晶盐发现地的结晶岩层，认为该地层有好多迹象指出，结晶岩层断裂的情形相当严重，因此，古老原始的流体已流失，而包在晶盐中的流体根本就是由近世代的外来流体入侵所得。言下之意，那个细菌当然是随着入侵的流体而来，说穿了，就是近代的产物，而非二亿五千万年前的老祖宗。

谈到生命，基因学者当然不甘后人，他们指出，从那三位科学家对那个细菌的基因定序结果看来，它的 16S 核酸糖结构和近代所发现的同种细菌非常类似。意思是说，要么这个号称"远古"的细菌是被外侵污染的，要么就是这种细菌的子孙，在往后的二亿五千万年都没有发生变化。前者当然是说"原始者"被"后来者"所取代了，不是真货；而后者则是讽刺哪有生命体经历二亿五千万年都没有变化，简直是岂有此理！

面对这些四方八面而来的反对之声，而且提出质疑的都是各领域赫赫有名的大将，三位原作科学家并没有被吓坏，也没有两手一摊，说："如果我们的发现不是真的，那我们就辞职不干科学家了！"这样做，就太不负责任了。科学的平台上，要的是真凭实据，而且要针对疑点，再举证说明。首先，他们和一组生化学家合作，用一连串的实验证实，在岩石表面上的钾 40 同位素所产生的自然辐射，对藏身在晶盐中的细菌并无死亡之威胁。因此，就瓦解了生化方面的反对意见。

接下来，他们又结合了地质学家，针对岩层断裂、引起外物入侵的说法予以反驳。他们仔细检测晶盐中的流体内的许多离子。由于在海水中的各种离子，其平衡的比例随着年代而有所变化，因此根据这个比例，将可以断定流体的年代。结果令人欣慰，因

为内含 *Virgibacillus sp.2-9-3* 的流液，其年代是符合二叠纪的年代，而不是后来的入侵物。他们成功地用地质学家的方法，摆平了地质学家的反对声浪。

对于基因学者的强烈质疑，三位科学家比较难回答，因为他们在新墨西哥州找到的细菌，居然和死海晶盐里的细菌有相似的基因结构，硬要说二亿五千万年都没有发生变化，确实令人怀疑。但是每一物种都有不同的演化速率，谁能说清楚晶盐中的细菌，必须套用哪一个演化速率才对呢？三位科学家也只能说："你告诉我确实的演化速率，我们再来回答你的问题，否则要用'少有变化'去质疑年代的检定，是有些牵强的！"我蛮同意他们的说辞，但我也知道这样的说法并不是最强而有力的辩驳，更直接的证据还是需要的！

科学家真好玩，不是吗？为了那么微不足道的细菌，可以劳师动众去为它的年龄争辩。但这不就是科学最可贵的地方吗？去芜存菁，见微知著，一切都是为了要找到生命的真相。

我利用这晶盐中的小小细菌，叙述一件科学平台上的生命之战。我们看到科学家的发现之喜，也体会到被质疑之懊恼，但更令人称善的，则是科学家以子之矛、攻子之盾的论证过程。当反对的声浪由四面八方排山倒海而来，科学家若要坚持己见，则必须针对异议，导出关键性的实验，然后让结果说话。

　　这种以证据为基础的辩证，才能让知识有所进展。也唯有如此，我们才有机会一窥生命之奥秘。所谓延年益寿，也就指日可待了！

9 科学向脑看：透视思维的神经动态

我们正在用我们还在演化中的脑

去理解那演化而来的脑。

从小，我在台湾南部的乡下长大。那里溪水清澈，山明树茂，白天风和日丽，一到夜晚，则天上繁星无数。有一次听说有流星雨过境，为了一睹奇观，老师们带着学生在广阔的操场上，忘我地数着闪烁的星星，初中的英文老师领着大伙儿轻唱"twinkle, twinkle, little stars"。自然课老师更是带着倍率不一的望远镜，让同学们轮流上望，看星星变大变亮。我傻乎乎地问老师："要多大的望远镜，才能看到最天边的那一颗星？"老师说："好大！好大！还要摆在最高的山峰上！"45年后，我果真在夏威夷大岛的4000公尺高峰上，看到了一个很大很大的望远镜，它却不是一面透镜，而是由8座次毫米波阵列所组成的雷达侦测盘式的天文台。科技的进展，使我们可以用它们的合音，来聆听距离地球3000光年远处的星云所发出的讯息！

年纪稍长一些，我到城里的高中念书，工业城的天空永远蒙上一层尘雾，星星不再那样的明亮，我们的夜晚就少了观星的乐趣。但生物课老师把我们的眼光从外面的星空带进人体的基因，谈生物的演化，读达尔文的传记，当然也要知道人体有 23 对染色体，一半由爸爸来、一半由妈妈来。但那时候除了孟德尔的遗传实验与定律之外，教科书里连 DNA 的双螺旋结构都还没有个影子，更不可能去谈如何由基因的概念去追寻人类祖先的故事了！

　　想不到 45 年后，我会在瑞典的乌普色拉大学（Uppsala Universitet）主持一场科学研讨会，主题是"基因、语言与人类的演化"！一组科学家由 Y 染色体去追寻爸爸的爸爸的爸爸……在哪里，然后要找到"科学的亚当"的落脚处；另一组则由女性粒线体的 DNA 去问妈妈的妈妈的妈妈……在哪里，然后也把"科学的夏娃"的故居找到。就纯理论的观点而言，这两者总该在某一年代合而为一（十万年前？），产生后来这么多子子孙孙，分布在地球的各个角落。如果不吻合呢？是理论错、运算错，还是祖先辈有人出轨了？是妈妈的妈妈的妈妈……那边，还是爸爸的爸爸的爸爸……这边！第三组科学家则从语言的多样性去寻找共同的祖先，因为人类走到哪里，语言就被带到那里，但变迁也会带来多样性的结果，问题是这种遗传的距离（genetic distance）和语言的距离（language distance）和文化的距离（cultural distance）

的相关为何呢？

回顾我求学、教书、研究的这些年，人类科学的进步确实惊人，外太空、内基因，大及寰宇苍穹，小探纳米世界的无限空间，知识的累积表现在针头大小的空间刻上的数部《大英百科全书》，而信息传输在弹指之际。这一切的成就都应归因于卓越的人脑认知思维运作，但人脑里那 10^{12} 个神经细胞如何形成认知的平台，要认识外界的音、影、形象，要分析其含义，要注意重要的讯息，要储存学会的东西，要忘记不愉快的往事，要能解决当前的问题，要创造新的生存机会，要"计算"得失，要"算计"未来，要有梦想等等。这一切的认知思维运作都藏在脑壳里面，看也看不到，碰也碰不得，如何可能了解其组织的性质以及运作的规律？除非有意外！

1880 年，在意大利有位农夫就发生了一次头壳破裂的大意外，根据文献记载，他活了下来，而且令人惊奇的是虽然他左边的脑壳是打开的，人却若无其事活得好好的。帮他开刀治伤的医生叫莫索（Mosso），对他充满好奇，常常找他聊天。他注意到一件有趣的事，每次远处教堂的钟声响起来，就会看到农夫头壳底下的部分脑面有血液集中的现象，而且一再发生。莫索医生猜想这可能和钟声引起农夫心中的祈祷意念有关，于是问农夫，钟声响起时，他想到什么？农夫回答很干脆："祈祷呀！"就在这时候，农夫脑部的同一部位，又有充血的现象。莫索医生紧接着又问农夫："8×12是多少？"农夫回答："96呀！"同时，脑部充血又再次发生，而且屡试不爽。这120多年前的观察，可能是人类第一次把血液流量和认知思维的启动直接联结在一起的历史场景。

一个世纪之后，我们不必再苦等人脑的意外事件了。利用现代先进的科技，我们不必打开人的脑壳就可以计算脑内各部位血流量的变化。所谓功能性磁共振造影（fMRI）技术，就是当一个人在进行某一种认知功能（如记忆、想象、决策等）时，其特定的作业所激起的脑神经活动，可以用物理的测量方式和统计的检定方法，转换成不同颜色的影像（如红色代表高程度的反应）。研究者从这些影像仔细建构脑部各部位的特殊能耐，并且慢慢把部位与部位之间的功能关系（functional relationship）勾划出来。才不到20年的努力，fMRI的研究结果，已经对哲学界持之已久的心物二元论提出挑战，《笛卡儿的错误》这本书在1995年出版，不到半年，就已经洛阳纸贵。但6年后，更多的脑科学知识，又已经使书中的实验结果和论点，变得过时了。

早期的fMRI是静态的影像，而且一次造影大概要2秒钟。人类的思维速度，快得不得了，认出一个字不到15毫秒，所以2秒钟的影像对认知运作而言是太久了，且太多的"杂思"可以使目标影像受到干扰，造成混淆的结果。所以发展一毫秒一毫秒的影像技术，就成为脑科学研究的当前要事。问题是 fMRI 的空间分辨率很好，但时间分辨率差；而时间分辨率好的测量系统，如脑磁图（MEG）及脑波图（EEG）的空间分辨率又不好。怎么办？有一天在阳明大学认知神经科学实验室，看到一群年轻的研究者正在发展新的技术，把 fMRI 和 MEG 的影像融合在一起，然后一毫秒一毫秒地去比较，看到松鼠的画像及读到松鼠两个字时的脑的动态影像。我好感动，科学对脑的了解，从此又提升到一个新的境界！

科学向脑看，研究人自己当然是好事一桩，因为我们正在用我们还在演化中的脑去理解那演化而来的脑，我也正在用脑赋予我的思想和写作能力去说明脑所完成的科学成就。有比这更令人兴奋的吗！

10 上帝造人，人创语言

科学家何其有幸，在尼加拉瓜革命的灰烬中，
目击了新语言被创造出来的历程。

尼加拉瓜，中南美洲里一个极端贫穷的国家！

尼加拉瓜，长期以来在极端独裁政府的统治之下，人民生活非常困苦，物质缺乏、教育不普及、知识低落、民怨四处、抗暴声不断⋯⋯

革命终于爆发！1979 年 7 月 19 日，左派思潮的桑地诺国家解放前线，领导广大的人民群众，发动草根性的全面抗争，牺牲了数万人民的生命，击退美国来的支援，终于推翻了由美国政府所支持的苏慕萨（Somoza）独裁政府，成功建立了"以绝大多数的逻辑"为执政方针的人民政府。

但革命成功的欢乐并没有维持很久，新政府从独裁者手中承接过来的是满目疮痍的国土及庞大的外国债务，即使有心，面临的却是巧妇难为的困境，人民的痛苦不能马上改进，外国的势力又不停入侵，内乱加外忧，桑地诺政府的执政不到 10 年就瓦解了。

一直到今年，桑地诺政权的前领导人奥蒂嘉（Daniel Jose Ortega），在 16 年的失势之后，又以 37.99% 的选票，赢回总统的位置，但不到四成的选票，就注定要在联合政府中挣扎了！尼加拉瓜仍然穷困，人民什么时候才能安居乐业？

对尼加拉瓜的人民而言，20 世纪 70 年代末期以来的革命可以说是尚未成功，但桑地诺政府刚开始执政时，对人民的照顾，确实也能秉持当初人民革命的理想。在教育与医疗的普及上，做了很多实质的努力，尤其在全国的扫盲运动上，发动了近 8 万的义工，把成人文盲的比例降低，且在联合国教科文组织的大力帮助下，提升基础教育的质量。对弱势族群的重视，更是前所未见。这些新兴的作为，除了有助于弱势学生的身心成长之外，也提供了科学家一个意想不到的窗口，得以一窥某一生命现象由无到有的发展历程，提供了科学理论建立时所需要但却不轻易观测得到的证据！

因为贫穷，交通不便，尼加拉瓜人民的人口流动与交流是很不可能的，尤其是社会的弱势者如又聋又哑的人，更是社会的边缘人，他们孤立无援，往往一生碰不到另一位聋哑人。20 世纪 80 年代初期，新政府甫成立，第一所聋哑学校在尼加拉瓜首府马纳瓜成立，而有幸入学的聋哑生，第一次有机会接触到另外的聋哑生，由彼此陌生到天天生活在一起，成为熟悉的伙伴。他们如何沟通？如何交谈？学校里所教的西班牙语，对他们毫无用处！但奇妙的事情就"忽然间"发生了！

开始的时候，他们用简单的手势、用肢体，也用眼神，更用夸张的脸部表情去传达讯息，然后手形（hand shape）有了象征的意义，手的上下左右的空间位置成了词汇的区辨表征，从一个位置移动到另一个位置的快速动作，被赋予类似"动词"的功能，而动作的循环次数，手形展开时的使力程度，成了加重语气的抑扬顿挫。这些不同的视觉空间表达逐渐定型，成为聋哑人的共识，而这许多向度就规律化成为类似语音的单位。接下来，从这些有限的"语音"单位，他们发展出一套形同文法的界面，使得意义的产生变成几乎是无限的开放空间。很快的，一套以单一词汇表达为主，且不甚完整、不甚连贯的"洋泾滨"手语系统（Pidgin Sign System），就奇迹似地涌现在这些聋哑社区的交流活动中了！

洋泾滨手语虽然不是一套完整流利的语言，但这套词汇、语意、语法都不足的语言，在越来越频繁的使用压力下，加上越来越抽象化的意念需求，就使得语法的结构越来越复杂，而语言交流的输出与输入，也有了一个完整语言系统的基础架构了。这种洋泾滨语的复杂化现象，语言学家称之为"克里奥化"

（Creolization），是两种已存在的不同语言碰撞在同一地区时，说弱势语者去学习强势语时，所发生的语言系统的变化。

以往学者所观察到的都是"已经存在"的两个语言相互影响的结果，但在尼加拉瓜的聋哑人身上，研究者则亲自目击了一套从来没有出现过的语言被创造出来的过程，这是谁都没有想到过的，研究者真是何其幸运！

从理论的分析上，克里奥化的语言已经非常接近一套完整的语言了。但它仍然不是一套真正成熟的语言，必须等待第二代的小孩在学习克里奥化语的过程上，会主动自发地去矫正克里奥化语的语法不一致性，也会自然地去补充克里奥化语在语言各界面的不足之处。

这是个很令人惊奇的能力，因为从小孩的观点去看，所接受的语言输入的质量是很不好的，文法既前后不一致又漏洞百出，但小孩子就是有办法忽略这些不一致与错误，而轻轻松松地学会（应该说是创造出）一套完整的语言。这一个"错误进来，却能正确出去"的能耐，是大人们所望尘莫及的。

问题就在这里：为什么那些想出相对论，或画出蒙娜丽莎的微笑，或把人送上太空，或谱出"第五交响曲"的大人们，学习新语言的能力，会比什么都还不会的小孩们差那么多呢？

不管语言交流的形式是用耳用口，像你我的口说语言；或用眼用手，像聋哑生的手势语言，语言学习的规律都是一样的，所动用的脑神经也很相似，可以说同一个脑袋创造了万种语言。在尼加拉瓜的手语研究，为语言习得的关键期理论，添补了更直接的证据！

尼加拉瓜的革命，离成功的目标仍然遥远，但无心插柳柳成荫的语言研究成果，确实是值得大书特书的意外收获。我们现在更清楚知道聋哑人的自然手语，和一般人的口说语言是有同等地位的，都是上帝造人、人创语言的极品！

第二篇　实验见真章

1 知的代价

知识让我们自以为是，

聪明人反被聪明误。

你一定有这样的经验，开车去拜访一位距离颇远的朋友，去的时候因为路线不熟，所以感到路途遥远。按图索骥，好不容易到了朋友家，大家说说聊聊，言欢意尽，好不痛快，就告辞回家了，按着原路开回去，虽然玩得有点累，但回家的路好像近了很多。这种感觉其实非常强烈，而且相当有普遍性，每次来回一个地方，都产生同样的观察。虽然从纯物理的条件而言，来回的路是一样长的，但走过一次后，有了路况的认知，整个心理状态却有了巨大的变化，即便去和回是一样长的时间，个人的感觉还是充满了回来的路好像近多了。这并不是反映所谓归心似箭的心情，而是因为由"无知"变成"知"所产生的心理现象。

因为见证了一件事的发生所产生的"知"，有时候不一定全是正面的，很多需要实时作决定的场合里，常常反而是要付出代价的。经济学家很早就了解这种现象，称之为"知识的诅咒"（the curse of knowledge），因为后见之明，常常会引起对事件原始状态的错误判断。

　　这种决策谬误的现象，在很小的小孩身上可以表现得很彻底。例如，让一个四岁的小孩观看舞台上放着甲、乙两个盒子，小明走进来，把糖果藏在甲盒子里，然后走开了；接着小华走进来，把糖果偷偷地移到乙盒子中，也跑开了。这时候，小明回来了，我们就问这位四岁的小孩，小明会到哪个盒子去找糖果？结果是，大多数四岁以下的小孩都会指向乙盒子。但是假如他们没有看到小华把糖果移到乙盒子，则大多数会指向甲盒子。因为知道一个事件的经过与结果，就无法抽离这个知识体，而产生将心比心，认为他人也会共享这些知识的谬误看法，在人的一生中是很普遍的。

　　也许你会说上述的现象之所以会发生，是因为四岁小孩不懂事，年纪大一点就不会了。其实，也不尽然。如果我们把事情稍微弄复杂一些，但事件的本质不变，大人也一样会受到知识的诅咒。例如，邀请大学生去观赏表演，舞台上同时切割出几个场景，一边是小英在拉小提琴，另一边的房间里有 ABCD 四个大小不一、颜色各异的盒子。小英练习完毕后，收起小提琴，走进房间，把小提琴放进四个盒子中的 A 盒子，然后出去玩了。顽皮的小花走进来，把小提琴从 A 盒子中拿出来放到 C 盒子，再把四个盒子放置的地点都改变了，也跑开了。

当小英再回到这个房间，想取出她的小提琴时，我们不问大学生小英可能会翻开哪一个盒子（这样直截了当的问法太简单了），而是要观看的大学生写下他们认为小英去翻开 A 盒子的几率、翻开 B 盒子的几率、翻开 C 盒子的几率，以及翻开 D 盒子的几率各有多少。把程序弄得越复杂，就可以看到大学生认为小英翻开 C 盒子的几率竟然也会随之增加，而翻开 A 盒子的几率则随之减少。但是如果有些大学生没有看到小花移动小提琴的动作，则不论程序变得多复杂，认为小英可能会翻开 C 盒子的人几乎等于零。也就是说，见证了小花移开小提琴那一幕的人，知识变成了负担，而在较复杂的决策程序中，就会付出错误的代价了。

因为对某事件结果的知，造成对该事件的解释被这个知所误导，就不容易恢复自己原来的初始状态，而常常忽略当时的无知，总是以"后见之明"去推论自己根本不存在的"先知灼见"。最明显的例子是美国纽约"9·11"灾难之后，所产生越来越多"早就告诉过你们了"的事后诸葛亮。他们之所以变"聪明"了，是因为看到了"9·11"灾难的实际情况，这个后知之明，使他们对"9·11"之前所有的小道消息另有更高明的解释了。他们忘了，在"9·11"之前，他们根本对那些蛛丝马迹毫无敏感度，也不认为真的会有人挟持大型客机，以自杀的方式撞毁世贸大楼。情报人员过滤万千的小道消息，对一些略含威胁的情报也不以为意。那时候的无知是正常的。但"9·11"之后，目睹整个惨剧的经过，那些原来不甚突出的讯息，忽然一个又一个被放大了好几倍，而且由今鉴古，就高估了自己当时的见识了！

后见之明，产生了许多事后诸葛亮，但他们发发牢骚也就罢了。最怕的是，因为自己所见，就会以自己之知去度他人之意，认为别人"必然"和我有一样的想法。上面所举的两个实验例子，无论小孩大人都患了同样的毛病，只要我亲眼所见，必然是真的，而既然是真的，则不管他人有没有和我一样亲眼目睹，他也必然和我有一样的信仰系统。这时候，我们对他人就会有一定的期待——因为既然我们有一致的信仰系统，则我们的理念就一定会相互吻合，若发现他人竟然在想法上有丝毫偏离，则一定是别有用心，非我族类也。这种谬误的道德判断才是可怕呢！但社会上的人际关系，却常常反映了这种知识的傲慢。

知识让我们得以厘清虚幻与真实，让我们对世界上的各项事物能够建立系统化的理解。但知识有时也会让我们自以为是，有意无意地把事情复杂化，看不到最简单的解决方案。聪明人反被聪明误，这就是知的代价。了解这些原委，就可以不要做知识的奴隶。对知识的诅咒，我们是可以避免的！

2 学会了很好，忘了也不赖！

让计算机去记忆，

让人脑有创意。

创意是个非常时髦的名词，尤其在知识经济的现代社会，人人都被要求做一个有创意的人。在提升社会竞争力的政治正确下，这样的要求听起来非常合理，而且动机纯正。所以我们到处听到这类伟大的名字与训词，但是听来听去，总是在谈某些因为有了创意导致成功的案例。这些众多的案例，涵盖的范围确实是五花八门，各行各业都有，而且点子之新颖、手法之巧思，常令人叹为观止。但是从创意科学研究的观点而言，这样的案例再多，对创意历程的本质之了解也似乎是无济于事，因为它们都是在出现了成功的结果之后的阐述，对于创意的原委之探求，总是让人有隔靴搔痒的遗憾。

看到了成功的事实就说有创意，那失败当然不能侈谈创意，落入了"创意为成功之母，而成功为创意之表现"的循环论证，没完没了。说的人可以叠积一堆现象、事实及各种因果理论，但就是说不清楚"何为创意?"以及"为什么有创意?"这就像我们常说这个人真聪明,为什么?因为他脑筋转得很快,很有创意;然后又说,这个人脑筋转得很快,很有创意,因为他很聪明。

所以说,创意是看起来很容易理解,但实在是很难界定的概念。研究者一不小心,就掉入永远在自圆其说的困境。因此,研究者最好不谈什么是创意,也不要去问创意要在什么条件之下才能产生。我们应该反过来问:"为什么会没有创意?"这个问题的同义词是:"大部分的人在困境中为何无法出奇制胜?"也许,问题的核心就在"出奇"这两个字上,也就是说人太容易习以为常,一旦陷入工作的常规,就很难打破惯例,而且工作越做越顺手,就更因循苟且,整个认知系统就越锁越紧了。

有时候,新的曙光就在一念之间的改变,但那"一念之间"就是转不过去。用这么一个问题问学生:"小明早上去爬山,清晨八点钟出发,走走停停,终于在下午五点钟到达山顶,拿起睡袋在山上睡了一觉,隔天早上起来,沿原路下山,八点钟出发,也是走走停停,下午五点钟到达山脚。请问小明在下山的路上会不会经过一个地点,就是昨天上山时同一个时间所经过的那个地点?"在问学生这个问题时,如果把上山与下山的走走停停讲越多遍,则解出答案的学生就越少,但如果告诉学生可以图表的方式去表示山高（Y 轴）与时间（X 轴），则答案就在眼前。由语文式的思考到图表的表达方式，就在一念之间，但大部分的学生就是转不过来。

另外一个例子也很有趣。有一次我问班上的学生："这里有两个袋子，A 袋装了 100 颗红珠子，B 袋装了 100 颗黑珠子。现在，我从 A 袋中拿出 10 颗红珠子放到 B 袋里，然后伸手到 B 袋里把混合的珠子搅拌搅拌再搅拌……接着，我再从 B 袋中捉出 10 颗珠子（其中可能有红有黑）丢回 A 袋，然后又伸手到 A 袋里，把混色的珠子搅拌搅拌再搅拌……现在我问一个问题：由 A 袋中取出黑珠子，与由 B 袋中取出红珠子的几率是否相等？"

这问题的解法是很简单的，但很多学生会把注意力集中在"搅拌搅拌再搅拌……"的词汇上。当问问题的人把搅拌两字重复越多次，则答"不相等"（正确答案是"相等"）的学生数就越多。想想看，如果由 B 袋捉回的 10 颗全是红的，则回复到 A 袋 100 颗红珠子，B 袋 100 颗黑珠子；如果捉回来全是黑的，则 A 袋变成90 颗红、10 颗黑，B 袋呢？当然是 90 颗黑、10 颗红，所以，从A 袋取出红珠子和从 B 袋取出黑珠子的几率是完全相等的。为什么听到多次搅拌就会答错呢？学生被搅拌的固有意义锁住，脑里想的都是搅拌后珠子混到袋子各处的杂乱状态，就会化简为繁，解决不了问题了。

因为太熟悉某一个相当平常的概念，就会阻碍了解题的逻辑推论。例如在一片铁板中间，挖了一个直径为一寸的圆洞，然后把铁板加热，洞会变大还是变小？大部分的学生因为太熟悉热胀冷缩的原理，都认为洞会变小。但这个答案是错的，因为如果洞变小，那么把挖下来的圆形铁片也同时加热的话，就无法填入原来的洞，因为它也会因热胀大。有一次，我想把水管嵌入一片铁板的小圆洞中，就差那么一点点，怎么也塞不进去，去请教铁工厂的老工人，他把铁板拿来就加热，洞就变大了一点，再把水管塞进去，放入冷水中，铁片的洞又缩小了，水管和铁片像焊接一样的紧密。越是想象热胀冷缩，就越难想象圆洞会变大的事实，老工人教了我一堂有用的生活物理。

所以，要有创意就是不要被很多概念的固有形态绑住。我有一位研究认知心理学的朋友，讲了一个很有趣的故事，可以和大家分享。有一位很有能力的公司副总，在一位也很有能力的总经理手下做事，上司把所有事情都打点好了，他真是空有一身功夫，却无用武之地，很想挂冠求去，另外谋职，但目前的工作薪水不错，公司距离刚买的房子也很近，而且小孩的学区很好，就觉得留下来也不错。有一天，他看到另外一家公司的求才广告，正想投递履历去应征，忽然灵机一动，认为他"应该为他那能干的上司找事才对"！果然，别家公司一听说他那位才能出众的老板有异动的念头，就立刻想尽办法挖角。结果呢？他的老板走了，他则高升为总经理。创意就在那"一念之间"。

如果功能性的固执是一切不能有创意的根源，那有解的可能性吗？心理学家最近的答案是正面的，而他们提出的方法是"学会如何去忘记！"他们让学生去记忆一串组织良好的字群，学会之后，再学另一串字群，一共学会了四个字符串。一星期之后，再找学生来回忆这些字群，结果发现，由于原有的字符串里的字群组织良好，因此，一星期之后，回忆出来的字群虽然比一星期前少多了，但字符串与字符串之间的字群很少有跨组的情况。但是，假如在最早的字符串学习中，告诉他们可以把这些字群都忘了，以后不会"考"了，则一星期之后的回忆，跨组出现的重新组合就增加了好多。

这个实验的结果值得深思，原来学会如何遗忘原先的联结，可以增强往后再重组的可能性。也许在教学的方法上，除了要教学生"学会如何学习"，也要教他们"学会如何遗忘"了。

以前我们都说，学习就是要把所学的东西记下来，现在我们要改变说法了："让计算机去记忆，让人脑有创意！"忘了没有？

3 夏日里的一堂课

不是特异功能，却见魅影重重！

暑假期间，我每个星期二下午仍然照常回到阳明大学的实验室，和研究生一起讨论他们的实验。我也常利用这几个小时，把实验心理学这百年的历史，做一些较为广泛的回顾与较为深入的检讨。有时候，也会在课堂上做个实时的实验，简单而有效，实验结果总让学生觉得大开眼界，然后我们再仔细讨论这些现象的成因，以及因为这些操作所界定的心理现象的含义。我发现这种让学生亲身体验，并以料想不到的结果去挑战他们既定的旧概念，对他们的学习非常有效，而且因为惊奇所带来的情绪，使他们对讨论之后所形成的概念印象深刻，即使历经再长的岁月，都还是念念不忘。

几个星期前，有位我十几年前在美国教过的学生吉尔瑞（David Geary），现在已经是密苏里大学心理系的系主任，刚好到台湾来访问，顺道到阳明大学来看看我们的实验室。我请他去课堂上和同学们讲讲话，他一口答应，却是一脸狡黠，随着我一起走进了教室。

他一站上讲台，就从口袋里拿出一支原子笔，握住拳头，用大拇指和食指捉住笔杆尾端的四分之一处，让笔杆像翘翘板似的左上右下、左下右上的移动，又让握笔的拳头垂直上下移动。当翘翘板的两端移动和手掌的上下移动形成各自独立却又统合在一起的动作时，那支又硬又直的笔忽然看起来就弯掉了，一下子成）形，一下又成（形。全班同学看到后都笑开了。因为他们已经是人手一支笔，也在表演同样的动作，而且比较哪一个"功力"最佳，把笔的弧度弯得最大。

吉尔瑞教授看到全班有志一同的动作，也大笑了起来，说："你们老师就凭这个把戏（trick），把我骗进了心理学，当时我主修物理学，认为宇宙万象都可化约成物理现象，可是 Ovid 就有办法以一个又一个物理学无法说明的现象，来证实心理的历程必须有'心理'的机制来加以说明。不信吗？来来来，我也来表演一个给你们瞧瞧！"

他忽然收起笑容，一脸正经，点了一位学生出列，要同学站好，一副魔术师的样子，然后要大伙儿不要笑，因为他将展示一个 hantom eye （魅影的眼睛）。同学们果然都安静下来，只见这位美国教授趋前几步，站在出列的同学面前，说："现在你把眼睛闭起来，我要用手指头在你的额头写几个英文字母，你要一个一个记下来。"讲完后，他举起手指头就在这位同学的额头上，写了"k, f, n, b, y, h, d, x"，然后要求这位同学在纸上依序写下来，这位同学想了一下，就写出了"k, f, n, d, y, h, b, x"，接着，他走到这位同学的背后，在他的后脑勺又写下了"h, y, d, k, x, f, b, n"，不一会儿，这位同学也把这八个字母依序写下来。这次一个也没写错，但是对前额写的字却错了两个，把 b 写成 d，而把 d 写成了 b。

吉尔瑞教授并没有点破这两个错误，他又找了另一个学生，再做一次同样的实验，只是把字母的前后次序调动一番。这样的实验重复了十次，结果真的很有趣。对于在头部后方写的字，学生都正确的认出来，也正确的写下来，但对于在前额写的字，就常常出错，而错的地方就是把 b 写成 d，把 d 写成 b。

吉尔瑞教授挑起眉毛，看了我一眼，说："你记得这个实验吗？十几年前你在我额前、后脑勺比划了半天，我也是前者错，后者正确无误。对这结果，我至今耿耿于怀，没错，b 和 d 是镜影相对的字母，但为什么前额会造成混淆，而头部正后方就没有镜影错失的现象？这仿佛我们的背后有双眼睛，向前看，看到脑瓜子的字，是正面视之；而看到前额的字，却是由反面写的。真是奇怪得很！你那时就说，是有一双眼睛，没长在头上，却长在头后面，而且是正后方，不停的观照我们。你说得好有诗意，更象是东方的神秘学说，让我从此迷上了心理学！"

学生们此时正两人一组的前额、后脑的写来写去，也为这个结果感到万分不解。我指出来，关键是个人在感知那些字母的书写时是由左至右还是由右至左，前者不会错，而后者要经过转换的过程，所以就容易产生镜影的错误认知了。我乘机机会教育一番："科学的解释，不可以建立在虚幻的魅影上，就是再诗情画意也不可以，为这个前额认字的镜影错误，去设计一对魅影眼睛的说法固然迷人，但用由右至左、违反写字习惯的论点来说明，就可以把吉尔瑞教授的魅影眼睛给弄瞎了！"

吉尔瑞教授兴致高昂，虽然"魅影眼睛"被射下来了，却一点也不以为意。他又找了一位同学出列，随手拿起一本书，翻开其中一页，请这位同学看一看，然后把书本倒过来，要这位同学再看一看，比较哪一面看起来舒服而读起来容易？这位同学仔细比对一番，说："当然是正面容易读，倒过来的字母很不容易认，而且由右往左看，很困难！"吉尔瑞回了一声："是吗？你确定？"这位同学正面、反面再看一次，就笃定的答："确定！"

吉尔瑞煞有介事的绕着同学走一圈，然后要这位同学把两脚打开，弯下腰身，让头朝下，由两脚岔开的地方往后看，这时候，吉尔瑞翻开书的同一页，让他再读读看，又把书一百八十度颠倒过来，再问他哪一面比较难读，正的还是反的？这位同学犹疑了一下，说："好像都一样容易耶！而且我不知道哪面是正的，哪面是反的，反正都不难读！"

我转头看看学生，大伙儿鸦雀无声，显然对这个意外的结论感到怀疑。突然有两位同学主动出列，一位张开双脚、弯腰、头朝下，另一位拿着正向、反向的书让他从胯下阅读，不一会儿，弯腰、头朝下的同学纳闷的说："奇怪，怎么会一样容易呢？"全部的同学竟鼓起掌来。

吉尔瑞得意的眼神横扫过整个教室，最后停留在我身上，说："为什么在那么困难的身体扭曲中，本来在反面困难的视知觉情境之下的阅读却变得容易了？到现在为止，我还没搞懂是怎么一回事。十几年前上你的认知心理学课时，我就是那位出列表演弯腰、张脚、头朝下的学生，想不到我就那么一头栽下去！一心一意研究起认知与脑之间的对应关系，数十年如一日，对这个用物理学的观点绝对无法解释的现象，研究了半辈子，还是没有满意的答案。你当年的解释是，因为弯腰又头朝下，脑神经已经预期有不寻常的视觉世界要出现了，'知识'引发脑的适应，所以就见怪不怪了！说真的，这个解释虽然不那么令人满意，也充斥着极端的唯心论述，但我仍然必须承认，它确实是解释这个现象的最佳认知理论。"

我笑着说："喏，我把你骗进心理学，又让你迷上了，再让你一头栽下去，靠的可不仅仅是这些小把戏！"他突然弯下腰，头朝下，促狭的看了我一眼："不过这些小实验，还真是让我终身难忘呢！"

那个星期二下午，天气很热，走出冷气教室，外面的空气都是闷湿的，教室里，同学们有的弯腰、头朝下、双脚打开，正在重复那个正向读、反向读的实验；有的互相在前额、后脑写字母，重复"魅影眼睛"的实验；有的摇着笔杆摆头晃脑。我望着这些年轻的学子，忽然感到好清爽，也好有希望，那夏日炎炎的一堂课，虽然不是展示什么特异功能，却也让学生体会到行为的重重魅影！

4 哈欠连连好过年

河东狮吼，模样惊人，声音更吓人，

但有时只不过是狮子打个哈欠罢了。

哈唏！

哈唏！哈唏！哈……唏！

哈唏！哈唏！哈唏！哈……唏！哈……唏！

我一眼望过去，全班 50 多位学生个个无精打采的正在默念每人桌前的一篇文章。有人开始感到无聊，就打起哈欠来了，有趣的是坐在左边的学生好像比坐在右边的学生更会打哈欠，而且一个传一个，大都集中在一边。学期末了，又快过年了，学生们的心思都已经放寒假了，我这位"教忠职守"的教授却仍然不放过他们，坚持上课到最后一分钟。

我可以看出他们心中的不满，一脸沮丧的盯着文章看，因为我告诉他们，20 分钟后要考个阅读理解的小考，而且成绩要加权。其实我已经先做了安排，阶梯教室里的学生分成左右两边，坐在右边的学生读的是一篇谈打嗝的文章，而坐在左边的学生读的是一篇谈打哈欠的文章，两篇的文句都相同，只有"打哈欠"和"打嗝"两个词汇互换而已。

我和我的助教站在讲台的两端，我负责数右边的同学中（读打嗝的文章）打哈欠的人数，大概有 6 位；助教则负责数左边同学（读打哈欠的文章）的打哈欠人数，结果是 14 位。如果我们把看起来要打哈欠的人也算进去，则我这边增加到 8 位，但助教那一边却一下子就跳到 32 位。所以我就赶快把学生唤醒过来，告诉他们这两篇文章的不同之处，以及这些打哈欠的数字，要他们下个结论。结果还不错，大家都醒过来了，还抢着说："打哈欠是会感染的！甚至连透过阅读一篇文章所引起打哈欠的想象，都会引起读者打哈欠的欲望与行动哩！"

经过我这一说明，学生们真的醒过来而且表现浓浓的求知欲了！有人提问题：为什么会打哈欠？有人接着回答：因为累了或爱睡了，所以打哈欠。但我马上指出来，根据调查，睡前打哈欠的平均次数，比起刚睡醒之后打哈欠的次数，实际上是少多了；而且睡前伸懒腰的次数，也比刚睡醒之后伸懒腰的次数少多了，所以累、爱睡都不是主要的原因。

那么，是不是因为血液中或脑里的氧气不多，才需要张开大口，打个哈欠，把空气吸进来，补充氧气之不足呢？但这个说法也是错的，因为人们在含二氧化碳多的环境里（比如说空气中有 3% 的二氧化碳），打哈欠的次数并不会比在一般正常的空气中（二氧化碳的含量只有 0.03%）来得多，而且把人放在 100% 的氧气中时，打哈欠的次数也不见得会减少。

也许打哈欠是因为无聊的缘故，因为在实验室里，我们只要让学生连续看一系列单调没有太多变化的图形，则不到十分钟，打哈欠的行为就会出现了。但是，有时候太过紧张也会打哈欠，正要上台表演的音乐家或演讲者，常常会以打哈欠来减低他们的紧张，最好玩的是那些在高空中的飞机上，等待要跳出机门的伞兵们，也常在屏息等着冲出去时，打起哈欠来了。真是的！唉，跳伞怎么会无聊呢？

我们对打哈欠的行为真是懂得太少了。这是一个人人都会，而且是一旦启动就无法中途停止的动作。最近的研究更指出，以超音波扫描的技术，可以看到未出生的胎儿在妈妈的肚子里打哈欠的影像。所以这是个非后天学会的行为，也是个无意识的神经机制的反射动作。

几乎是所有的动物都会打哈欠，我家的猫睡前睡后，伸懒腰，哈欠连连，一副自我感觉良好的样子；朋友家的狗也是一样，都是打哈欠的高手。这些都是家驯的动物，也许已被宠坏了。但蹼伏在草丛里一动也不动的蛇，在要爬行之前，偶尔会先张开大嘴巴，打完哈欠才有行动；河马在水中浸久了，从水中出走前，也会先伸个懒腰，打个哈欠再走；狮子的哈欠更是赫赫有名，河东狮吼，人人皆知，看起来惊人，吼叫的声音听起来吓人，但狮子也只不过打个哈欠罢了。你若仔细在镜子前面看到自己两手往上伸，瞪开两个大眼睛，嘴巴张得大大的那一副张牙舞爪的打哈欠样子，不是也很吓人吗？最近看了一些有关猩猩生态的科学影片，影片中，大大小小的猩猩都会打哈欠，而且有的还会用手盖住嘴巴，以免被别的猩猩误解为侵略行为前兆的表现！

从这种种的证据看来，打哈欠应该是在演化的过程上，发展得相当早的行为，它的生物特性是很明显的，见人打哈欠，自己就免不了也哈唏一下的现象，其实就是生态学者丁柏根（Nikolaas Tinbergen）所说的符号刺激（sign stimulus）和动作释放（action release）的关系，而且整个固定动作的形态（fixed action pattern）的展现也都符合行为生态学说的论述。

越来越多的研究者相信，打哈欠的感染机制和动物模仿行为的神经机制是有关联的。最近认知神经科学家更在功能性磁共振造影（fMRI）的影像上，看到了非常有趣的结果：打哈欠时的脑部活化区和我们表示同情心及同理心（empathy）时的脑活动区域是一致的。也就是说，打哈欠的感染现象，可能代表了一种无意识的心智模仿（mental imitation）的原始状态。

当然，我们也不能忘了打哈欠的社会意义。到朋友家聊天，看到有人开始打哈欠，就应该是"拜访完毕"的讯号表征了；如果仍赖着不走，等到哈欠连连，就真的是太没有礼貌了。在巴西中部有一个部落，居民常常在晚上聚在一起讨论聊天，忽然间长老开始打哈欠，其他的民众也跟着打起哈欠来了，而且越来越大声，懒腰一伸就走人，外来的游客常常莫名其妙的被留在广场上，没人理了。结果，自己也只有哈唏一声，回家睡觉！

读了我写的这么多有关打哈欠的事，你开始累了吗？想打个哈欠了吗？反正鸡年过去了（你知道鸡也会打哈欠吗？），狗年就要来了，迎接新气象的来临，就大大方方的打个哈欠吧！哈……唏！

5 时空行者，我来也！

文化遗产的数位平台，串联空中地理信息，

加上考古天候变迁的信息，知识越丰富，则历史的影像
就越真实。

大年初二，南部的朋友陪太太北上回娘家，一到台北，就打个电话来，问我在哪里，午后想到家里来聚一聚、聊一聊。我其实一早就到实验室，想利用几天的年假，把上个月累积的工作清一清：没做完的实验要补齐，数据要分析，结果要整理，理论的推论要校对，报告要写出来……好多好多的事等着赶工呢！但在细雨绵绵的寒气中，朋友携家带小的来访，确是带来了一股热情的年节气氛，真也是有朋自南方来，不亦乐乎。

朋友的小孩才上中学二年级，戴副眼镜，对实验室充满了好奇，东张西望的，对挂在墙上的研究板报特别感兴趣，读了又读，看了再看，忽然指着那一张又一张的脑造影图，问我："那是人脑活动的相片吗？如果读一个汉字，就要动用到这么多脑的部位，那读一篇文章，不是把脑忙死了！"

朋友夫妇忙不迭笑说，真是孩子话！但他说的实在很有意思，我马上回答他："如果现在把你放在我们实验室，利用功能性磁共振造影的技术，把你这时候的脑神经活动照下来，那一定是红点斑斑（神经活动越活跃，就以更红的颜色标示），而且每一瞬间的部位都不同，我们这些做研究的，就是要把这些瞬间变化的神经活化的运动图，用最新的计算机技术显现出来。"

说完，我就带他到我的计算机旁，让他再看一看用脑磁图（MEG）仪器登录下来的脑活动影像，这部仪器的能耐，是能在一秒钟内，精细地呈现出整个脑的活动：由眼睛看到字再到理解的过程，每一毫秒的红点流动变化的图像一览无遗。我看他目不转睛，有兴趣极了，就对他说："了解脑的神经活动，不但要知道在哪里活动，更要知道在什么时候、由哪一个部位串联到另一部位的动态变化。时、空都重要，都要能被捕捉显示出来，脑功能的定位图（brain mapping）才有意义，我们才能一窥脑神经整体运作的历程。对脑的科学理解，只看单一部位是不够的，必须对其系统性的运作有所认知，才会了解其演化的含义！"

小朋友一脸严肃，屏息思索了一会，说："那要多大的计算机才能储存这么庞大的数据呀，影像处理不是很费容量吗？"

我看了他两眼，觉得这小孩不错，而且真不赖，计算机的知识丰富，提的问题直击核心，一言就把研究者最关（担）心的事情点了出来。说实在的，为了要能同时兼顾脑神经运作的时、空向度，大量的造影数据是必然的，从讯息侦测、分析、比对、定型、储存等等，每一瞬间都会产出巨大的数据量，而这庞大的数据量只不过是一个小小的认知作业，是人类知识体的冰山一小角而已。想象那稍微复杂一点的作业，就可能产生成倍的数据量，那么全世界的研究者所做的各类作业所产出的数据量，其总量绝对是天文数字，再聪明的脑袋也绝对无法理解其中的相互关系。这位初中生的小朋友能一针见血指出研究者的困境，真是后生可敬！

碰到了一位忘年知音，我觉得很兴奋，马上带他到另一部计算机前，打开平板电视墙的屏幕，启动 Google Earth，看到了整个地球的画面，接着启动了我们数位典藏研究团队所设计的程序，先把数字化的台湾过去几十年的空照图连接上，再把数字化的各地文化典藏（文物、书籍、档案、文献、考古等等）串联上。

我问这位小知音："准备好了吗？"没等待他回答，就伸出手指头在鼠标上点出亚洲地图，再点台湾，在眼前开展出来；我再点台北，台北市的街道图就出现了；我又点出整条捷运路线，看到每个捷运站；然后沿途在每一站连接上数位影像的空照图，十年前是什么样？二十年前是什么样？五十年前是什么样？小朋友满脸佩服地望着这部神奇的机器，跃跃欲试。

我告诉他，如果再连上当地、当年的文化风貌，则我们利用这个数位平台，凭一指神功，就可重温过去历史的片刻，那里有人物、有故事、有那时代的想法与精神面貌！我们调整时间、空间与语言文字的坐标，就可以把数位文化典藏的平台当作时间机器，想到哪一段历史去游荡，就大喊一声："时空行者，我来也！"

小朋友感染了我的兴奋，连朋友夫妇俩都凑上前来，他们在平板电视墙上的地图里找寻家乡，小朋友建议不如搭着时间机器去探索他曾曾祖父的小镇生活。他玩得很开心，但还是不忘追问我："这部机器需要多大的计算机容量，才能制造出来？"

我望着他说："研究人脑的运作，需要兼具时、空向度，需要大量的数据来显现各部位的功能性质；研究人类文化的特质，更需要搜集大量在特定时、空交错里的社会活动，来显现人如何和周遭的环境互动，如何创新，如何转变文明的象征。这部时、空、语言三合一的机器，需要靠好多好多人的努力，去做数据耕耘（data farming）的工作，去做数据探勘（data mining）的工作，还需要有人去仔细分类、诠释分类后的数据（meta data），更需要有人用数据群聚（data clustery）的方法，去发现知识（knowledge discovery）。这些都需要大量的计算机容量。但是硬件事小，软件的建构才重要。把数据的安装规格做好，将来的时空行者才能游走通畅，才能身历其境的去体会每一个时代的文明特质。"

我兴奋过度，讲得过火了，小朋友一脸茫然，不知道我在说什么。

我知道他还不会懂，只能告诉他："有一天你会懂的。在 e 世代所有的研究，从农耕（数据耕耘）到开矿（数据探勘）到知识的发现，再到对世事的理解，反映的不正是文明进展的历史吗！文化遗产的数位平台，串联空中地理信息，加上考古天候变迁的信息，知识越丰富，则历史的影像就越真实。我相信将来能搭上这部时间机器的人，都会像你我一样，是一个快乐的时空行者！"

6 蚁行道上有师道，赞！

好的老师，不必有大脑袋，

重要的是要有大大的爱心。

我以前很怕蚂蚁，每次看到一堆蚂蚁在家里东闯西窜的爬来爬去时，就浑身发痒，赶快拿水冲、拿药喷，加上火攻，然后循着蚂蚁的来处，将缺口处堵住，清除得干干净净后，再到浴室全身水洗一番，把每根头发都刷得清洁溜溜，最后回到房间检视几遍，确定没有蚂蚁的踪迹，才能安下心来，开始在书桌前工作；有时即使坐下来了，脑海里闪过蚂蚁的影像，也会使我打颤起疙瘩。我对小小蚂蚁的过分反应，是朋友们都知道的，他们要捉弄我，只要把蚂蚁的图片摆在我的书桌上，让我不经意的一瞥，乖乖！我就跑去冲个凉、洗个澡，顺便打几个喷嚏！

为了摆脱朋友们无端的骚扰，我决定对自己进行一系列的"对蚂蚁的去敏感"方案（ant desensitization program）。这是古典条件反射理论的应用，应该不难。由于我是在行为主义挂帅的实验室长大的心理学研究者，对如何安排刺激与反应之间的相对关系，以逐渐减低个人对某一恶劣刺激物的敏感度，当然是训练有素的筒中能手。所以我就为自己设计了一系列让好心情得以联结蚂蚁影像的情境，由迪斯尼电影《虫虫危机》里的那一只大大的、很可爱的蚂蚁开始，配合美妙的音乐，好吃的食物，让自己去培养欣赏蚂蚁的形象与行为。

不但如此，我还开始强迫自己去阅读有关蚂蚁的各种研究。当然，我得从看来绝对不像蚂蚁的大型昆虫开始读起，然后看再小一点的昆虫，再再小一点的昆虫；也从会飞的大昆虫读起，到地上爬的小蟋蟀，再到小蚂蝗，最后终于走进了小蚂蚁的生态世界，对其社会组织与行为，有了一定程度的了解，更常常被其"牺牲小我，完成大我"的行为表现所感动。它们的群体意志绝对凌驾个体的生机之上，看到精彩处，不得不掩书长叹："蚁道乃仁道也！"

朋友们见我三个月就修练成万蚁不惧之心，都啧啧称奇；但对我近日言物必蚁的说话方式，也非常不以为然。有一天，我由蚂蚁筑巢的故事引申到自然界天工开物之景观，进而说明超智慧的设计乃无稽之谈（见《科学人》2004 年 4 月号"天工开物，蜂蚁皆我师"）。朋友终于忍不住了，笑骂一声："有完没完啊？！把那些小小的连脑都没有的蚂蚁，讲得那样伟大。你倒是告诉我，你的宝贝蚂蚁除了机械式的反射反应，以及见样学样的模仿外，它们有高层次的思维吗？仁者是有心去体谅别的个体，你的蚂蚁有同理心、有同情心吗？什么'蚁道就是仁道'，真是胡说八道！"

我受了这一顿抢白，当然也无从反驳起。虽不满意，也只好接受了。可是心里不服气，总觉得蚂蚁社会组成之复杂，分工之细，要能整体和谐的运作，去应付各式各样的天灾人祸，绝对不是那么容易的；尤其千万年来，万物皆逝，唯蚁独存，身为演化的常胜军，其能耐绝不可等闲视之。所以，我努力上网去查科学文献，看看能不能找到科学的证据，来证实"蚁道就是仁道"。皇天不负苦心人，我终于看到了今年一月份在《自然》杂志上的一篇实验研究报告，说的居然是 Temnothorax albipennis（T.a.）这一种蚂蚁在觅食路径上的"师生互动"之情。

两位英国的生物学家，在实验室里安排了各种精确的测量方式，记录蚂蚁走动的方位和速度，全程实验也有录像存证。他们仔细观察 T.a. 蚂蚁成列前行的过程。两只蚂蚁成一对，一只已经找到食物的所在，姑且称之为"老手蚁"；另外一只刚刚下场，对食物之所在丝毫不知，称之为"新手蚁"。当只有老手蚁自己出场时，它会跑得很快，一下子就往食物的方向前进；新手蚁下场则不然，东南西北乱闯，毫无章法。但老手蚁和新手蚁一同下场，则情势完全改观。老手蚁不会自私的跑到有食物的地方自行享用；相反的，它放慢脚步，回身牵引新手蚁慢慢行进。如果它走太快了，看见新手蚁没跟上来，就会缓下来，把它和新手蚁之间的距离缩小。等到新手蚁到达，会用头上的"天线"去碰触老手蚁的腿及肚子，催促着老手蚁往前快行。老手蚁走的方位总是对准食物的方向，但新手蚁则常常转上转下，好像是在陌生的环境中寻找地标。

老手蚁完全是无私的领航，因为测量老手蚁自己在场的速度，比之有了"学生"要教导时的速度，刚好快了四倍；所以它绝对是"感受"到初学者的笨拙，而校正了自己的速度。这种双向互动的关系，实在像是"体谅"的最原始雏形，令人感动！

如果比较没有"老师"引导的新手，由进场到找到食物的平均时间，和有"老师"引导之下，找到食物的平均时间，则前者显然慢多了。也就是说，老手蚁的教与新手蚁的学，都有很好的效益！更有趣的，是新手蚁得到食物之后回巢的路径，和老手蚁走回去的路不一定重叠。常常新手蚁找到返回的途径，比老手蚁的路径更正确、更有效。看起来好像新手蚁沿途所定的地标，和老手蚁的地标不尽相同。仔细回想，我们在观察到有效的教与学之外，更看到了蚂蚁的创新。有了这个能力，难怪在生物演化中，蚂蚁所展现的生命力是相当令人刮目相看的！

　　两位研究者在报告的结尾，加了一段令人省思的评语，"蚂蚁的教、学效力，告诉我们，脑体积的大小，绝对不是成功传承的必要条件"。我把这篇文章打印出来，把重要的句子都标示出来，要赶快拿去给我那位脑筋转得比较慢的朋友一些指引，我自己也要有耐心的教导他。我知道在我的循循善诱之下，他终究会了解蚁、蚁之间相濡以沫的师生之情；我还要告诉他，好的老师，不必脑神经很大条，重要的是要有大大的爱心！

7 由赏心悦目到目悦兴至的假说

原来"眼睛吃冰淇淋"的形容词不只是文学上的修辞技巧,

而是确有神经生理基础的说法!

六月中旬,我们实验室所有的研究员(年轻的和资深的)一起到了意大利的佛罗伦萨,因为每年一度的人类脑图(Human Brain Mapping)学术研讨会就在那达芬奇的故乡举行,实验室的每一位同仁各个都有研究报告要以板报论文的方式,呈现在3000多位来自世界各地的脑科学家的眼前。另外,大会也邀请了一些重量级的研究者作主题讲演,实验室的同人们也就依各自的领域仔细聆听这些大师讲演。

白天,在赶场做报告、参阅别人的论文板报,以及听讲做笔记的心智活动中,和长途旅行所造成的时差及生理劳累对抗;到了夜晚,吃过了地道的意大利面后,大伙儿聚在一起,聊聊一天的所见所闻,对所学到的新知识,尤其是在理论上有所突破的实验方式与结果,感到兴奋异常。大伙儿聊得起劲,充分感到新知的喜悦,身体的劳累却忘得一干二净了!我回到房间,躺下来,在入睡之前，忽然浮现一个问题：为什么新的知识会让我们感到无比的赏心悦目呢？

会议一共开了五天，大伙儿根据议程早起晚归，在会场四处寻找新知，和其他研究者讨论，我这个当老师的看在眼里，心里又是欣慰又是怜惜，一方面希望他们不要累倒了，一方面又忍不住催促他们，既然到了文艺复兴的发源地，怎能错过各个博物馆所收藏的精品画作与雕像。

六月正逢佛罗伦萨观光季节，而且碰上了热潮袭人，在烈日下排队等待入馆，真是够累的，好不容易才进入馆内，已是汗流浃背，而且也给地中海旁的炎炎日头晒得昏头昏脑的。但在灯光微暗的馆内，满室满墙的画作由各方而来，吸引住我的眼光，那些不同颜色所衬托出来的人物、服饰、物件、动作等等，细腻、生动又和谐，美丽又栩栩如生，在在让我感受到美的展示。而我也不由自主地想去解释每一幅画作的含义。它们像是在对我倾吐它们的历史，告诉我信仰的真谛，引发我去感受它们所代表的生活中的凄苦与喜乐。

我站在画室中央，被众多的名画包围，眼前尽是美的表征，而内心则充满了愉悦的舒畅之感。我就在那里想到了第二个问题：为什么悦目会带来这深厚的赏心之情呢？

会议结束了，大伙儿把行旅打点好，束装准备到意大利东北边的古城的港（Trieste）访问。在那里我们要参观认知与神经科学研究领域中最有名的婴儿实验室，同时也会将我们实验室最近的研究成果，作一系列的报告，希望能和这些欧洲最著名的神经科学家交换意见，彼此切磋一番。

我们由佛罗伦萨搭火车先北上，经过水都威尼斯，然后东行，绕过亚得里亚海到的港。一路上穿山越岭，横过草原，坐在火车上，看出去景色宜人，尤其出山洞后，袤广草地映入眼帘，远处的农舍红瓦黄墙，在青灰色高山的映衬下，煞是美丽。火车接近的港时，到了海岸边，一望无际的海洋，点点船只漂游其上，从车窗望出去满心清爽。只是这风光明媚的美景又引发了我第三个问题：为什么眼前的景象，会让我的眼睛感到柔情万千，心里头也有无比的欢欣？

这三个问题都和信息的吸收有关。第一个问题中的信息，指的是透过阅读与听讲所得到的新知识，它们的产生是比对新旧知识的结果；因此它们的叠积，对个人而言是学问越来越丰富，知识的种类也越来越广博，而质量也越来越有文以载道的深度与弹性。对人类的社会而言呢？经过历史考验后所留下的知识，不是一次又一次促动了文明的进展吗？知识的进化，似乎是有天择的机制的。

　　第二个问题中的信息则是心灵感受面向转换历程，从视神经的通道上，把感官的讯息由线条、颜色逐渐组合成有意义的图像，再经由个人成长的经历与过去学习的经验中，去触动记忆里的各种联结，包括概念、情绪，以及认知的推论与隐含性记忆，所以"一张图像可抵千言万语"，说的就是一目了然的感受；而且画风一改，文明又有了新的含义。其实，从演化的观点而言，艺术创作所产生的创意，也代表着人类得以维持永续发展的问题解决的能力。

　　第三个问题里的信息也是直接经由眼睛的感官之传递而来，它指的是人类特别偏好的景观是有一定的特征。譬如说喜欢上高处以纵览四周景物，这是制高点的选择，带有很强的防卫机制；又如空旷的海景迷人，也是有一夫当关、万船勿进的含义。最近有视觉科学家研究人类对各种图像的喜爱，他们发现人们是很喜欢信息丰富而且让人感到安全的图像与景观的。

　　现在到了我们要来解答最重要的问题了：为什么吸收新知，看美丽的画作，以及开阔的景观，都会让我们感到赏心悦目呢？答案其实不难找到，只要你愿意走进大脑里，然后沿着视神经通路的两旁检视过去，就会发现由最初阶的视神经（所谓 V1、V2、

V3、V4）区到高阶的视神经区，掺杂着许多类鸦片受体（opioid receptor），其密度是越来越高。这些受体被刺激，就会产生内啡肽，不但能抑制痛苦，且能提高兴致，产生快乐的感觉。所以上述的三种信息，若能由低阶视神经上达高阶视神经，并触动联结区的学习与分析活动，就会刺激更多的类鸦片受体，增加内啡肽的分泌，使目悦导致兴高采烈，也就不足为奇了。视神经通道上两旁受体密度越来越高的证据，是由我的一位科学界朋友所发现的，因此，这个想法我们称之为毕德曼（Biederman）假说。

当然，上述的说法有一个附带的推论：有些人为了感受更多的愉悦，就更要去创新知识，创作艺术，以及欣赏更多的美景，有如上瘾成性，形成更强的动机。人类的文明不就是这样往前推进的吗！

8 数字与空间的对话

即使意义精纯如数字的概念，当透过人类认知体系的洗礼后，

也会因历史经验的条件不一而产生变化。

"概念"是个非常复杂的意义表征，有时候一些界定得很清楚的概念，经过人的感知之后，就产生了许多想象不到的变化。数目字用阿拉伯数字写出来如1、2、3、4、5、6、7、8、9，和用中文数字写出来如一、二、三、四、五、六、七、八、九，所表达的数量概念应该是一样的，这本来是毋庸置疑的，但对一位懂得这两种符号的中国人而言，他们对这两种符号的"数感"（number sense）却是有所差别的！怎么说呢？让我们来看一些很好玩的实验数据。

首先，为了保证中文数字确实是代表数量的大小，我们让大学生看着计算机，屏幕上快速出现两个左右排列的数字，例如〔三、八〕或〔七、四〕，然后要学生按键盘上的"→"键（表示右边）或"←"键（表示左边），来指出哪一边的数字代表较大的数量。我们把反应的正确率和时间记录下来，结果当

然是正确率几乎百分之百，但反应时间的快慢，则受到了两个数字量差间距的大小而有所变化，即量差间距小如〔二、三〕〔五、七〕〔六、八〕等，反应时间就长；量差间距大如〔一、六〕〔二、九〕〔三、八〕等，则反应时间很快。也就是说两个数字所代表的量越相似，比起来就较不容易，时间就拉长了。这个间距效应（distance effect）不但产生在阿拉伯数字的比较，也反映在中文数字的比较上，证实两种符号都确实与数量有关。

其次，我们再让这些大学生做同样的实验，但每一次在两个数字出现之前，我们先问一句话："下面出现的两个数字，哪一个比较大？"或者"下面出现的两个数字，哪一个比较小？"很有趣的，这两个"比较大"和"比较小"的问题，会引起反应时间因出现的数字之大小而有所变化。例如，在"比较大"的问句之后，如果出现〔8、6〕或〔7、9〕，则学生们选择大的数字的时间比出现〔2、4〕或〔3、1〕时要快很多；相反的，在"比较小"的问句之后，从〔8、6〕或〔7、9〕选择小的数字的时间，就比从〔2、4〕或〔3、1〕中选择小数的时间要慢得多了。

同样的，这样的行为现象在阿拉伯数字和中文数字的实验中都会出现，再次证实这两种符号确实是反映了数量意义的概念！

既然阿拉伯数字和中文数字反映的都是数量的抽象意义，那就不应该会产生不同感知的问题，但事实上并非如此。前几年，认知心理学研究者发现，我们一般人对数量大小的感知和空间的排列有相对应的关系，例如我们在计算机屏幕上打出一个阿拉伯数字，然后要求受试者（大学生）去判断是奇数或偶数；如果是奇数就快速按右键，偶数就按左键。当然，实验进行至一半时，就改成奇数按左键，偶数按右键，以求取实验设计上的平衡。结果发现数量大的数字在右边按键的速度，比在左边按键的速度快；相反的，数量小的数字在左边按键的速度，也比在右边按键的速度快。这结果显示，我们对数字的感知和它们平常在空间的排列是有相对应的关系！

如果数的概念是很纯的数量表征，那为什么会和空间的排列有关呢？想想我们从小学习数学，所遇到的阿拉伯数字都是从1至9排列，数字小的在左边，数字大的在右边，是不是因此我们无意中就形成了小的数字在左边、大的数字在右边的数字感知型态呢？如果是这样，那我们对中文数字的感知如何对应到空间呢？因为中文数字平常不是横写的，而是随着中文由上而下的排列方式，我们会不会就失去了如阿拉伯数字一样"小左""大右"的空间对应关系呢？

台湾"中央大学"认知神经科学所的研究者，针对中文数字的排列也做了类似的实验。他们果然发现中文数字在奇数、偶数的判定实验中，并没有出现"小左""大右"的对应关系。进一步的，他们把左、右按键改成上、下按键，即在一半的判定作业中，奇数按往上的键"↑"，偶数按往下的键"↓"；另一半则奇数按"↓"键，偶数按"↑"键，以求达到实验设计的平衡；再把两者合起来平均计算。结果发现受试者在中文数字的奇、偶数判定作业中，出现了"小上""大下"的对应关系。如果让同样的受试者改为判定阿拉伯数字，则结果又出现了"小左""大右"的现象了。

也就是说，当我们在中国问学生，对1、2、3、4、5、6、7、8、9的阿拉伯数字和对一、二、三、四、五、六、七、八、九的中文数字，在量的感知是一样的，但对两者的空间感知，则因为横排或直排的书写习惯，而产生了"小左／大右"（阿拉伯数字）或"小上／大下"（中文数字）这两种不同的空间对应关系！

那如果用壹、贰、参、肆、伍、陆、柒、捌、玖来作为实验的材料呢？它是数字，也代表数量，但平常很少被上下成串排在一列。所以到底它们在奇、偶数的实验作业中会出现"小左／大右"或"小上／大下"哪一种空间对应关系？

台湾"中央大学"的研究小组也以这些较复杂的中文数字做了类似的实验，结果呢？"小上／大下"的对应关系不见了，而"小左／大右"的对应关系则又出现了！也就是说，我们对壹、贰、参……玖的感知是依附在阿拉伯数字的感知上，和我们对一、二、三……九的感知是不同的。

如果我们去破坏一、二、三……九的上下字符串的排列呢？例如把一、二、三、四、五、六、七、八、九，改成一月、二月、三月、四月、五月、六月、七月、八月、九月，然后仍然要求受试者去判定其中数字的奇、偶数，有时候用上、下键做反应，有时候用左、右键做反应，结果又会是怎么样呢？

研究者也做了这个相当聪明的实验，而结果也再次显示了"小左／大右"的对应关系。换句话说，一月、二月、三月中的数字保留了数的意义表征，却减低了中文书写习惯中一、二、三……九等由上而下的空间对应关系，这时候，一月、二月、三月……九月中的量的概念似乎又寄生在阿拉伯数字1、2、3……9等的数值上了。

概念的形成其实很不简单，即使意义精纯如数字的概念，当透过人类认知体系的洗礼后，也会因历史经验的条件不一而产生变化。所以，当一位哲学家信誓旦旦的宣称某一概念已经清清楚楚楚被界定时，总会有另外的哲学家提出不同看法，辩论的结果也常常会以模糊的定义收场，怪不得模糊逻辑（fuzzy logic）会成为近年来认知科学家描绘人类概念形成的重要理论了。

其实，在一个重视每个人意见的民主社会里，要寻求"共识"，真的很不容易！

9 前事不忘，后事之师

人类的认知系统能够把几百张类似的影像，准确排列出时间次序，

我们到底怎么完成这样的工作？

我的朋友老王喜欢旅游，平日省吃节用，存够了钱，一有假期，就往国外跑，他说有生之年，要游遍五湖四海，要看遍世界七大奇迹，当然包括古代的和现代的。要上山，也要下海，乘船、搭飞机，当然还要坐火车，尤其要去经历把火车开到大渡船上，再由另一岸接驳到另一国度的铁轨道上的奇景；在渡船上时，还可以下火车，走到船尾，去看落日映在远处海平面上的万丈霞光。游历到非洲时，他抢上了挤了满满是人的破旧巴士，没有冷气，更不要谈汗酸味充斥，还有鸡、狗、羊同"笼"的精彩画面。最令我称奇的，是他居然也在阿尔卑斯山上的小村落里骑起脚踏车来了，路的两旁还是白花花的雪哩！

我说得历历如绘，可是有凭有据的，因为老王也喜欢照相，而且技术不差。他又说要拍遍欧洲大大小小的天主教堂，也要把

长长短短、造型美轮美奂的桥梁尽收在镜头里。他更是个赏鸟迷，各地的奇禽异鸟，都吸引他拍摄，有时候，还参加赏鸟团队，跟着候鸟一站又一站迁徙，去观察它们的生态变化。当然，这一切都有照片存证！

每一次他旅游回来，我们几位老朋友就会各自带几样小菜到他家聚餐，大伙儿喝酒聊天，听他天南地北畅言旅游志异，我就在一旁的计算机屏幕上慢慢欣赏他镜头下的风土、人情、山林流水，以及各式各样的房舍村景。城市里的高楼固然壮观，山路边的小黄花更是美丽。老王，老王，我真是服了你啦！

眼见老王手舞足蹈，我忍不住跟他开个小玩笑，把屏幕上照片的次序动了少许手脚，使它们在时间的向度上发生变化；也就是说，本来按照拍摄日期排列得井然有序的一组图片，被我打散了。我回过头去把那位正吹得口沫横飞的老王叫了过来。他脸红红的，冒着斗大的汗珠，随手指着屏幕上的照片，得意的大声说："不坏吧！我的技术越来越棒了！你看这张农人市场的蔬菜水果很新鲜可口吧！那张教堂高耸入云，令人油生敬畏之气势，是不是？这一张更是……咦？奇怪，计算机怎么了，这些照片好像哪里不对劲耶！咦？啊！前后次序不对，时间都弄乱了！"我吓一跳，他怎么一眼就看出来了。难道人对事件发生的时间记忆有那么好吗?

我看他聚精会神盯着屏幕上的照片,两手按计算机上的指示键,把图片移来移去,十几分钟后,就恢复原始的次序了。我一方面惊讶他的记忆能耐,一方面更想着应该用什么方法来测试他是否真的记住了这些图片的前后次序。我随便从中抽出两张相片,问他哪一张先拍、哪一张后拍。他看了一下,指出其中一张先拍,我把答案记了下来;再从中随机抽两张,请他挑出先拍的,也把答案记录下来;一共做了 50 对相片的先后比对,他的答对率高达 75%,已达统计上的显著差异。因为如果他没有时间次序的判断能力,则他的成绩应该在 50% 的几率上下。

这下子我服气了,就问老王怎么能记得这么清楚?因为很多景色、很多桥梁、很多教堂、很多高楼、很多村舍都很像,有时候,根本分不清是哪个村落、哪个小城、哪条街道、哪条河流,遑论在哪个国家?老王的回答更妙:"我也不知道,完全凭感觉!实在没把握,两张一比,就忽然有了感觉,一张好像比另一张更老一些,我也以为是乱猜的,没想到会猜得这么准!"

我知道所有的动物对事件发生的频率和时间都很敏感,所谓生物时间就是代表着我们生命的循环体系,发生在外界环境中的事件,要靠这些循环系统中的片段去加以联结,变成了那事件在我们生命中的时间码，我们也会根据这些时间码去整理出事件发生的前后次序，有时事前事后是决定因果关系的主要因素。我却没想到我们的认知系统能够把几百张很类似的影像，准确排出时间的序列。我们到底怎么完成这样的工作？

我仔细地看了我挑出的那 50 对相片，因为是随机抽取，所以不免有些是属于同一类别的（例如两张桥梁照片的比较、两座教堂相片的比较，或两间农舍的比较等），有时当然是毫不相干的（如一张是花园，一张是一排车子等）。很有趣的是属于同一类别的比对，正确率是 85% 左右；而属于不相干的图片比对，正确率就掉到 65% 左右。但即使是 65%，和 50% 的几率比较，也有统计上的显著差异；也就是说，不管事件相干不相干，我们都会对其时间有所编码，而对类似的图片，其前后的次序感，就升高了很多。这给我们一个很好的线索，来了解事件时间编码的机制。

当我们看到一座教堂，不免就会想到"以前"看过的另一座教堂，所以这两个时间的前后编码，是基于"后"者"提醒"了"前"者，而我们在欣赏眼前的景色时，就会不由自主地想起以前看过的景色，时间的定序就由此自动产生了。我们在读一本 B 小说，想起了另一本 A 小说的故事，日后有人问我哪一本小说是我先读的？当然是 A，因为 B 让我想起以前的 A 呀！

我越想越有道理，想再往前走一步去证实这样的想法，就到老人院去做了一个实验，因为文献上说 75 岁以上的老人对时间的编码能力很差。我设计了一套治疗方式，很简单的，就是教会他们每看到一个新的事件，就要学会去问这个事件提醒了他们以前的什么事件呢？实验结果，大有收益，因为老人的时间记忆，由原来的 50% 几率，一下子增加到 60%，而相关的事件比对，则增加到 70%。

这整个研究的历程，由观察生活里的一些特定现象，得以猜测人类认知运作的基本机制，又能够到老人生活情境中，验证那个理论所延伸出来的推论。科学理论的演进，就是这样不断往上提升。

我带着实验结果跟这个科学研究的一些心得，很高兴的跑去告诉老王。他不在，又去旅行了！

第三篇　研究问到底

1 手能生巧，更能生桥

伴随着说话声音的手势，到底有何作用？

上个月在德国柏林近郊的一座美丽的花园旅舍中，参加了一个讨论老年人记忆的研讨会议。会场坐落在森林里，演讲厅四面都是玻璃窗，白天望出去，蓝天绿树，一旁的湖光映着群鸟飞翔而去的优游身影，一些开始变黄变红的叶子则随秋节的风逸然飘下，自然如画，那样悠然安详，坐在会场里，思维也就跟着澄静了。

会议开始后，窗帘即主动放下，讲者背后的大银幕也缓缓落下。与会者桌前小灯如点点烛光，却足以照亮讲者和听讲人的身影。这次大会只邀请 40 位国际知名学者，"中央大学"认知与神经科学研究所所长洪兰教授和我是大会中仅有的两张东方面孔，其余的则是来自美、英、意、法、瑞典与德国当地的资深研究者。

会议一共五天半，就当前相关的科学新知作一个整合性的论述。每一位主讲人依其最新的发现作 25 分钟的说明，然后大家一起根据所呈现的数据与其含义进行 45 分钟的反复讨论。这个冗长的过程使讲者不能不准备充分，而讨论者不但巨细靡遗的检视各项数据，更能在激烈的辩论中，产生很多尚未有答案的猜想与假设。大家都心里明白，回去后，又有更多的新实验工作等着进行了。

直到日薄西山，会议犹在进行。大会人员卷起窗帘，夜色透窗而来，盏盏灯影倒映在玻璃窗上，重叠交错，煞是好看。我努力聆听讲者的述说，忽然在如镜的玻璃反映中，看到了宛如千手飞舞的异象。讲者边说边舞的手势非常抢眼。随着说话声调的高低起伏，他两只手的动作，也是一上一下，忽前忽后，形成另一个节奏分明的系统。我更注意到手势有时出现在语言之前，有时却发生在某一个语句的停顿之后，从手形的伸张、握拳与移动的方位和速率看来，像是在为前面的话语做总结。这真是个有趣的现象，我不禁要去问，这些伴随着说话声音的手势，到底有何作用呢？

接下来的几天，除了仔细听讲者的报告内容之外，我很留心地观察记录每一个讲者的手势和他说话内容之间的关系。首先，我注意到来自不同国家的讲者，使用手势的方式确有不同。意大利讲者显得夸张，但令人感到亲切易懂（手势真有辅佐的作用）；英国讲者也是手势不断，不过显得拘谨保守，听的人就必须注意聆听语言的部分，手势的传递讯息不高；法国讲者手势很生动，常常手掌张开在脸颊之下，做个俏皮的翻飞姿态，引人入胜，也让人感到段落分明；德国讲者训练有素，手势伴随语言搭配得恰到好处，但整个讲演干干净净，手势好像不存在，听者肃然起敬，就是缺少了点"人"味。原来，手势也是一种反映文化的语言。

为进一步了解手势的功能，我把会议的录像带调借出来，仔细地比对语音、词汇、语气，及手势动作之间的关系，发现手势真的不简单。它常常是一段话的引言，讲者还在整理思维，语音都还没出现，手的样子已经把要讲的意思表达清楚了。有时候，讲者忘记了一个词汇，正在搜索枯肠找寻适当的用词，但口在挣扎的同时，手势已经几次把词的含义都展现了，最绝的是，听讲的人一看到讲者的手势，就已经了然于胸，频频点头，话有没有说出来反而不是那么重要了。

手势增加了讲者与听者之间的互动，也增进了理解的程度，这个作用值得教师们深思。最近芝加哥大学有一群研究者比对教室上课情形，他们比较使用和没有使用手势的老师，以及被鼓励或被禁止使用手势表达的学生，结果发现使用手势确实会增进相互的理解力，如果上课可以鼓励多些手势的表达，师生之间的沟通就可以更畅通了。

手势和语词之间还有一个非常重要的关联，即它们之间的互动绝非随意的安排。例如英文讲者说到 going up（往上升），手指往上翘的时间是一直等到 up 的声音出来时才出现，但西班牙讲者说到 ascending （往上升）时，手指上翘是一发出 /a/ 音时就出现了，表示脑神经启动手指的时间受到了音义组合机制的指挥。而当西班牙人讲英文时，说到 going up，手指往上姿势出现在 going 而不在 up，表示英文程度还有待加强。从手指与语词同不同步的配合度，居然可以看出外语的程度，很巧妙吧？

　　我这次去开会，真是大有收获，除了听到很多新的研究发现和报告外，轮到我演讲时，我也当下做了小小试验，我把肢体拉开，增加了很多手势，发现我和听众之间的沟通确有大大的增进！说话时，手能生巧，更是一道好的沟通桥梁！

2 记忆哪有情意重要？

仅留脑下皮质，也能拥有丰富的感情世界。

元宵节的前一晚，到处是春酒贺新年的餐会，我们一群科学人也未能免俗，大伙儿聚在永和最棒的"上海小馆"里，白酒一瓶、红酒若干，天南地北就聊起来了。周老师一向心直口快，才收拾了一盘粉丝蟹肉，外加两碗砂锅鱼头，凭着一点酒意，就开始数落起我来了："我说志朗兄啊！你可得多加注意点，因为你这位研究记忆的老兄，最近却特别健忘，交代你的事，过耳就忘，实在不够意思！"

我不敢回答，因为我真的不记得他曾交代过我，也不记得该办哪些事。可能是他弄错了对象，交代的是别人而不是我，因为我们有好一阵子没见面了，他何从交代起我来了？也许他真的曾经交代过我一些事，但我当时没太注意就没听进去，所以脑海里毫无记录，以致一点印象也没有。更可能的是，我听到了，也把他交代的事存在脑海里的某一处，但如今事隔已久，脑里面堆了太多东西，搜寻越来越困难，以致往事已不堪回忆了。这些解释都有可能，但哪一个才是真的？我也没有把握，因为人类的记忆就是那么脆弱。我信誓旦旦对周老师说："再说一次，这次一定注意听，也一定记得牢牢的，而且回去马上办，免得时过境迁，把交代的事又忘了，再来挨一顿骂！"

周老师笑笑，说："算了！算了！忘了就算了。以你这样健忘，亏你还是个研究记忆的专家呢！"我看他的表情，心里有数，也感到好笑，他根本就"忘"了他曾经交代我什么事啦！

人类的记忆真是件奇妙的事！对于往事的回忆，有时真，有时假；一下子记起来，一下子又忘了。我研究记忆多年，深知记忆会有失忆，更常有创忆，埋在脑海深处的一段故事，忽然之间就会冒了出来。喝春酒的这一段小对话，一下子就勾起了我数十年前做记忆研究时，一些以为已经忘了的陈年旧事，在寒冷的冬夜，乘着酒意，如烟的往事，一则一则不请自来，就如同听到一小段乐音，就想起整首小时候听过的歌曲一般。那天晚上，尼克（Nick）是最重要的一首。

我第一次见到尼克，当时他人在美国加州南部的圣地亚哥，我在加州大学的河滨分校。为了见他，240公里的路程，我只开了一个半小时就到了，途中吃了一张罚单，虽然懊恼，但即将见到这位心理学界赫赫有名、研究人类记忆的科学家必须知道的一号人物，罚个百来美元又算什么！

　　尼克，又称 N. A.（当然是个化名）。他不是个有名的研究者，他其实是研究记忆的科学家梦寐以求的研究对象，因为他有个非常独特的记忆现象。年轻时候的尼克，是个潇洒的海军军官，喜欢击剑，还是个相当有名的高手。在一次练习中，他的脸部护罩掉下来，对手的剑尖一下子由他鼻梁下的软骨，直刺脑内海马回（hippocampus）的部位，送医院开刀急救后，命是救回来了，但伤口复原后，却开始有了失忆的毛病。

　　教科书上对他的病症常有很精彩的描述，有一则说他很喜欢替别人做事，但别人叫他做的事，他却常常忘记。有一次，一位同事约翰请他帮忙到地下室的小商店买一杯咖啡加个三明治。尼克很高兴的答应了，就往电梯走，一边走，一边喃喃自语："约翰要咖啡加三明治，约翰要咖啡加三明治，约翰要咖啡加三明治……"进了电梯，尼克看到另一位同事，两人寒暄一番，也打断了尼克的喃喃自语。电梯停在地下室，门一开，尼克身边的人蜂拥而出，全进了小商店，只见尼克一个人在电梯里，又随着上升的电梯回到原楼层。约翰看到他手上什么都没有，就知道尼克又把交代的事忘得一干二净。叹了一口气，只好自己下去买。尼克呢？他开开心心的坐回座位，若无其事的拿起一本杂志埋头阅读起来了。

原来，自从脑伤复原之后，尼克就失去了把眼前刚经历的新事件存到脑的永久记忆系统中的能力，也就是说，他很难学会新的事物了。为什么会有如此特别的失忆现象？失去了这个学习新东西的能力，对他的生活会产生哪些影响？他脑伤的部位，是否就是具有把刚经历的经验，由短暂的记忆系统转成长期记忆的功能呢？这些问题，研究者当然很想找到答案，而尼克的记忆缺失可能就是提供那些答案的重要线索！所以，当我知道我有机会和尼克见面，并有机会以他为对象做一些记忆的研究实验时，真是开心极了。但教科书上的那个故事让我印象深刻，我心里一直惦记着，像他记忆这么差，我怎样去研究他的记忆呢？

我赶到圣地亚哥的荣民医院，在一位博士后学生的安排下（这位学生是我到加州大学后的第一位博士毕业生），在实验室见到了尼克。尼克还是很英俊。他坐在那里，非常和善，一脸潇洒，我见他和别人谈笑风生，哪有什么毛病？！看我进来，尼克有些吃惊，大概没想到从加大来的教授竟然是个东方人吧。但他很开朗地嗨了一声，说："我是尼克，很高兴看到你！"我也赶忙自我介绍，以去其疑虑："嗨，我是加大河滨分校来的 Ovid Tzeng。"他叫我把字母拼出来让他读读看，立刻就说："Ovid？不就是希腊罗马时代的那个大诗人吗？你怎么会用了这个名字？你读过他的诗集吗？那些神话很美、很有趣，是不是？ Ovid 说孔雀的身上有一百只眼睛，你，相信不相信？还有你的姓拼成 Tzeng，很奇怪，如果没有后面的 g，Tzen，我就会以为你是瑞典人呢！"

我听他说得头头是道，一副很有学问的样子，他的长期记忆一点都没坏吗？条理脉络清楚得很呢！就回答他说："我就是读了 Ovid 的诗集，喜爱得不得了，才决定以他为名。我也相信，阿波罗每天驾马车在天上由东至西，给我们光明，也给我们时间！"尼克一听，眨了一下眼，好像我通过了他的检验，说："那我们开始吧！今天要做什么实验？"

我指着桌上一堆实验仪器，正要开口解释整个实验的程序以及要他做的事，忽然我那位学生走了进来，说："Ovid，你的系主任有紧急事找你，你出去接个电话吧！"我不得已停下手边的仪器操作，请尼克稍候我一会。十五分钟后，我走进原来的实验室，尼克仍然一脸潇洒坐在那里，我的学生正陪他聊天，看我进来了，打声招呼就走出去了。我走到仪器旁，正要开始解释实验的程序，尼克忽然问我："你是谁？桌上是什么东西？你怎会走进我的房间？"

我吓了一跳，看看尼克，他一脸严肃，好像我是个从没见过的陌生人。我心想，我们不是才刚见过面，而且相谈甚欢，怎么一下子就不认得我了？再看看他的样子，真不是在开玩笑。只好说："嗨，尼克！我是加大河滨分校来的 Ovid Tzeng。"他叫我把字母拼出来给他看，很高兴的说："Ovid？那不是那个希腊罗马时代的大诗人吗？你怎么会用这个名字，你喜欢诗吗？你读过他的诗集吗？那些神话很美、很有趣，是不是！Ovid 说孔雀的身上有一百只眼睛，你相不相信？"我不知道怎么去回答他的问题，最重要的是，我感到我好像在重复看同一部电影、同一段对白，心中真的有些震撼。

他看我没回答，以为我听不懂，就不再和我谈诗，谈 Ovid。但话锋一转，又说："其实啊，你的姓也很好玩！Tzeng 如果把最后一个字母 g 去掉，剩下 Tzen，我就会以为你是个瑞典人了！"电影又重新倒带播放一次，而且我身在其中，感到浑身不自在。耳边只听见尼克愉快的声音："我们开始吧！今天要做什么实验？"

我看他笑嘻嘻的，把一心想要解除我紧张的善意都写在脸上。我忽然觉得，他就算有失忆毛病又有什么关系呢？他学习新事物的能力就算有缺陷（脑皮质的功能受伤了），但他那没有受到伤害的下皮质，却仍能掌控内心丰富的感情世界，他所表现的同理心与同情心，深深地感染了我那瞬间的心灵。我收起仪器，回以一笑，说："尼克，今天什么都不要做，我们去海边走走，我们带Ovid 去，我们一起来读诗，一起来享受 Ovid 给我们创造的爱的艺术！"[1]

---

[1] 美国 20 世纪杰出诗人韩福瑞斯（Rolfe Humphries, 1894-1969），曾将 Ovid 著名的诗集译为英文，书名为 *Ovid: The Art of Love*。——编者注

3 唱你的歌，就是要赢你！

拷贝、仿制、抢白、堵你的口，

真是鸟、人一体，恶根同源。

春天真的到了！我知道，因为我已经亲身体验春意的侵袭了。上个月到美东开会，飞机一到纽约上空，才开始下降，我已经是喷嚏连连，把隔壁的乘客吓得半死，而且眼睛奇痒，泪水盈眶，标准的花粉热征象一一呈现。惨了，我的过敏症就这么被引爆了。飞机才靠空桥停住，我迫不及待打开行旅包，找出"救命"的 Allegra，水都不必喝，就一口吞了下去。擤擤鼻涕，走出机场，往外一瞧，路边那一排排树，红的、黄的、白的，居然还有紫色的花，正灿烂的向我迎风招手，我一下子就吸进太多的花粉，这两天不会好过了，因为春天真的到了。

下榻的饭店在中央公园的一角，进了住房，打开窗户，就听到金嗓小麻雀的歌声由公园四方一拥而入。我一边安顿行装，一边仔细聆听这众鸟声喧哗的公园交响乐曲。初始，我以为我听到了："这山坡如此生气盎然，充满了音乐的旋律……"（The hills are alive with the sound of music……这不是电影《真善美》的序曲吗？紧接着，我好像又听到悲壮的《出埃及记》之"疆土保卫之歌"（Territory fighting），吱吱喳喳的高喊："这土地是我的疆域，神把这块土地恩赐给我了。"（This land is mine, god gave this land to me）然后，唧唧哝哝的喃喃恋曲也出现了，就唱出了："今夜，今夜，所有的一切都将自今夜起始。"（Tonight, tonight, it all began tonight）

忽然之间，我还听到了争吵拚斗的大声对唱，有男有女的两部合音，一来一往，互不相让，是梁山伯为祝英台在斥责马文才的强词夺理吗？还是罗密欧为了朱丽叶被情敌所伤，正在数落对方的不是呢？你听那歌声说："告诉朱丽叶我爱她，告诉朱丽叶我需要她，告诉朱丽叶不要哭泣，我对她的爱至死不渝。"（Tell Juliet I love her, tell Juliet I need her, tell Juliet not to cry, my love for her will never die）

最后，争吵过去了，一切趋于平静，树林的那一端唱起"快快睡，小宝贝"的摇篮曲。夜深了，忙了一天的张家鸟、李家莺、小云雀、白冠雀、十姐妹，还有画眉鸟，都该睡了，要养精蓄锐，等明儿天一亮，就得干活儿，还要再唱一整天呢！

电话铃声骤然响起，惊醒我的初春白日梦，我抬头望着那一片茂密的树丛，耳边仍然听到远处此起彼落的鸟叫声，我忽然不想出去吃饭了，对着话筒，请另一端的朋友帮我带个三明治回来，愉快的说，因为我有更要紧的事赶着做。挂上电话就迫不及待坐下来，打开笔记型计算机，接上网络，我很想知道近年来生物学界对这些鸟声鸟语的研究有何新的进展，对这些歌声的功能可有新的见解。果然一搜寻就找到好多好多相关文献，仅仅是去年的《动物行为》（*Animal Behaviour*）期刊上就出现了十几篇有关歌声的形态、类别、数量、唱法、功能等等的研究论文。其中好几个实验的设计，针对演化理论里众多假设的辩证，真是精彩绝伦。

这一切成就当然要归功于录音技术的进步，以及计算机计算能力的提升。以前我们要录一只鸟的歌唱，一定得事必躬亲，自己操作机器，还要随时紧迫盯鸟，一点都不能放松。现在呢？只要把非常高功能的录音机放在选好的位置，就可以把周遭的各类鸟叫声全部入机，再以计算机的高级区分计算程序去分辨出每一只鸟的歌声，谁在唱？在什么地方唱（势力范围内或外）？什么时候唱？唱给谁听（是陌生鸟还是邻居）？唱些什么？都可以在多向度的分析方法下一一厘清。工具的进步，真是把研究的功力提升了好几倍！

第一个让我发笑的研究结果，是同一个族群的鸟声竟然会因为城乡差距而有音量上的不同。住在嘈杂环境的城市鸟唱起歌来，平均音量比住在树林里的乡巴鸟，要高出几个分贝。这使我想起在嘈杂的中国饭堂里讲起话来，是扯着喉咙大声喊，而在安静的法国餐厅却是说话轻声细语。人也罢，鸟也罢，对周遭环境的适应，竟有异曲同工之妙！但是，会唱不同的鸟歌越多，越会是个赢家，这倒没有城乡差距！

　　第二个让我感到兴趣的发现，是鸟鸟对唱的时间点和表现方式。当两只公鸟为了争夺一块疆土起争执时，对唱的音量升高是可以预期的。吵架不大声一点，怎能把对方压下去？！有趣的是其中一只鸟会"故意"（对不起，我不该用故意来形容鸟的行为！）唱出对方的歌的片段，而且是在对方还没唱完歌之前就抢先插嘴，就好像"有意"（对不起，我又来了！）抢白，让对方唱不出来。这使我想起我们的政治人物在电视上的辩论，总是不等对方讲完，就抢先发言，而且常常会引用对方的话去堵对方的口。想想真是鸟、人一体，恶根同源，不由得令人会心一笑！

　　这种对唱时的抢白行为，其实是相当不容易做到的。首先要把对方唱的歌的片段拷贝下来，再以自己的歌声去仿制这个片段，然后安插在自己的歌声中去扰乱对方。模仿的准确性与插入时段的安排都要恰到好处。但更精彩的是这些仿制与抢白不但发生在公鸟对公鸟上，也会发生在一对公母鸟对另外一对公母鸟上。吵架吵到全家出动，当然是"四嘴齐发声，歌声震天地"的局面了。

通常一对公母鸟一起合唱，公鸟歌的音节和母鸟歌的音节是紧密交叉，互不重叠，这种时间的掌握要非常准确，疏漏不得。那么，当一对合唱的公母鸟和另外一对合唱的公母鸟吵起来时，在这两串交杂在一起的音节片段中，如何去拷贝？如何去仿制？如何去插入？安插在哪里？我们不必杞人忧天，它们的能耐超乎想象，解决的方式就是公对公、母对母，拷贝、复制、抢白各自完成，真是令人叹为观止。这个实验是一对苏格兰科学家在哥斯达黎加做的，对象是当地的鹪鹩（wren），论文发表在《生物学通讯》（*Biology Letter*）上。我读过之后，久久不能话语，自然界的玄机暗藏，处处奥妙，没有科学，如何能洞视这一切！

最后，有一个研究值得科学家警惕。以前很多实验的结果得出，守住疆土的公鸟对邻居和陌生鸟的入侵都有同样的反应，就以为公鸟无法分辨邻居和陌生鸟的歌声。但仔细去分析以前实验的做法，都是让公鸟守在疆域中的巢内，那么它对所有入侵的鸟，不管邻居与否，当然都一视同仁，统统都要赶出去。新的实验，则把公鸟摆在它的疆域之外，再放邻居的歌和陌生鸟的歌，结果发现，公鸟对邻居鸟声的入侵并不以为意，对陌生鸟的歌声入侵则立即起身，到处巡逻查探，它到底是能分辨邻居和陌生鸟，还真是亲疏有别的！实验做得好，做得完备，结论才能下得正确，好的科学人永远在学习。

突然响起一阵敲门声，朋友探头进来，递给我一份三明治和咖啡，看我好像不打喷嚏了，眼睛也不痒了，直盯着我瞧。当然是 Allegra 起了效用了，我笑说。但我真的要告诉你，得识新知的喜悦，是可以治百病的。真的，至少对我是如此！

4 老杨的音乐箱

音乐幻觉，其来有自。

老杨是我三十几年前的旧识，那时我正在服预官兵役，他是我的排副，很喜欢看书，学问也好，人非常精练能干，对部队里的大小事物了如指掌，排、连里遇到困难，大伙儿就找他解决，而且他也真能把乱七八糟的事情，理得头头是道。这样的人才怎么会屈就在排里当排副呢？原来老杨年轻时候是个满腔热血的知识青年，自愿从军参加抗战，在一次作战的炮声隆隆中，耳朵几乎给震聋了，愈后的情况虽有进步，但耳朵有点背，就影响了他往上升迁的机会。他一直对我这位菜鸟排长很照顾，我也很感激他。退伍后，几次返回部队去探访他以及排里的同人，但后来我出国读书，一去数十年，就失去联络了。

那天，他突然出现在我办公室，手里抱着一大箱水蜜桃，一头白发，笑得好令人窝心，一见我，就对着我竖起大拇指，爽朗的声音高嚷着："小排长，干得好，俺佩服您！"我一听见"俺"，就亲切无比，再一声声"小排长"，就把我的泪水都给催出来了。

我拉起老杨的手，吊起嗓子，就唱起京戏来了，老杨只一径的笑着。陪他来的一位中年妇女，赶忙说："爸爸一定要来看您，还要您尝尝他在山上亲手种的水蜜桃，同时也要请教您，为什么他一直会听到音乐，我们带他去看医生，医生只劝爸爸不要胡思乱想，可是爸爸说他什么都没想，歌声就那么不停的冒出来，一首歌还没完，另一首就接着来，他自己都吓坏了。报上说你们实验室研究脑神经运作，我就带他来让您看看。这到底是怎么一回事？"

原来是他女儿，讲话清清楚楚的，就像老杨当年。她告诉我，老杨从军中退伍后，就带着一点积蓄到山里的荣民农场种水果及高山蔬菜，因为看的书多，晓得各种蔬果改良及管理的方法，把山上的农场整理得很好，累积了一些资金，又和几位旧日军中同胞共同投资一块较大的农地，种的水蜜桃又大又甜，毛茸茸的白里透红，煞是好看，销路很好。存了钱，就在当地结婚生子，变成山上的"在地人"，几十年来，又风又雨，又是地震又是土石流，但他总是守住那片家园，树倒了再种，房子塌了再建，看着子女长大成人，自己也老了。

她说，爸爸每天在山林里活动，晚上还是喜欢看些书，因此家里有很多书，她们这些小孩从小养成读课外书的习惯，而且看得又多又杂，从不觉乡间的闭塞和寂寞，她现在在乡村的一所小学当校长，对我们推动阅读完全认同，爸爸常对着她们说："这小排长，硬是要得！"这回真是被幻听吓坏了，所以就拉着她上台北来找我。

我问她，老杨的耳背是否越来越严重了？她说她爸爸今年七十五岁了，以前的重听在这几年已恶化到耳聋的地步，讲话听不见，沟通要靠书写，但身体仍很硬朗，不过自言自语的情形越来越多，而且会越讲越大声，旁若无人。问他为什么，他回说，不大声说话给自己听，就会听到脑海里有音乐、有歌声，好像收音机一样不停的播放，想停也停不了。我看看老杨，仍然是一脸开心，似乎听不见我们在谈什么，只是一直摸摸我的手臂和肩膀，高兴的说："胖了，胖了，阿排变阿肥（台语）了。"我向他比比耳朵，他大声说："越来越听不见了，要用写的！"

我拿起笔来写字问他："现在有听到音乐和歌声吗？"他说没有。只要他耳朵有些微声音出现，脑里的音乐和歌声就会消失，但如果一个人静下来，声音就会接二连三出现。几年前，他开始感到这个现象，起先以为是有人打开电视或收音机，但走出去一看，却发现外面一个人都没有，电视是关着的，收音机也没开，可是音乐和歌声却一首又一首清清楚楚的播放着。

我问他听到什么音乐，他说大多是京戏，也有流行歌曲，都是老歌，像美黛、紫薇、邓丽君，还有黄梅调，但这些都极少出现在收音机上了，他也不晓得是从哪里来的。直到出现了一连串的军歌，尤其是"反攻，反攻，反攻大陆去……"等合唱曲时，他就知道那些音乐与歌声绝不会来自电视或收音机，因为已经没有人会再去播放这些歌了。而且，他知道自己耳聋得厉害，几乎听不到外面的声音，所以一定是脑袋坏了！这些年来耳朵越来越背，这些音乐无端端出现的次数就越多，他问我他是不是疯了！

我又问他："这些音乐通常在什么情况下会停下来？"他说："停不下来，一首接一首，我把头摇了又摇，还是停不下来。一定要等到我自己大声说话，大到有一两个声音进到耳朵里，音乐就忽然停了！"我接着问他有听见别人在说话吗？他说从来没有，也不曾听到以前军中的长官训话，只有音乐，只有歌声，都是他熟悉的，但绝对没有人对他窃窃私语。他很困惑，他是不是真的疯了？！

我赶忙抓来一张更大的白纸，飞快的写着："老杨，你没有疯，疯的人会听到有人对他说话，而你没有。你的问题是在脑，没错！是因为你一生都喜欢听音乐，也爱哼歌，你的脑神经的音乐回路一直有外来的刺激去满足它。但这几年，你耳朵听不见外面的声音，你的音乐网络神经就自己制造那些已知的熟悉音乐与歌声来满足自己，但这个幻觉只要有一些感官上的声音出现，就会被压下来，因为外来的刺激才是真实的。你能靠感官的反应就把虚幻的音乐与歌声关掉，表示你脑神经运作正常，对真实的监控仍旧好得很。你放心，不要害怕，你绝对没有疯！"

老杨一边仔细的读，一边拼命的点头："是嘛，我是没有疯，小排长，你说得对，确实没有人在暗中对我说话，确实只有音乐，也确实我大声嚷嚷时，耳朵稍微听到我自己的嚷声，音乐就停了。小排长，谢谢您，我是没疯！"我捉住激动的老杨，又写了一段话："你现在的毛病很像耳聋后的贝多芬，这位大音乐家也是一直听到乐音，而且发作起来，摇头甩脑都没用，他干脆把它们写下来，谱成世界文明史上最伟大的乐章。同样的，晚年的舒曼也据说是把幻觉中的乐音，转成优美的音符，他常常告诉人家，他谱成的乐章，其实是舒伯特的鬼魂在对他唱诗呢！"

老杨一脸严肃，拉着我的手说："小排长，有你的！我确实是应该感谢老天，在我晚年赐给我一个充满记忆的音乐箱！"

老杨和他女儿回去了，留下一室桃香，也留给我满心怅然，我望着桌上那一堆神经科学的期刊，其中有一篇就在谈这个音乐幻觉的研究。一位澳洲的神经科医生，积十五年的经验，整理出一些头绪，老人——包括一般重听的人——较容易产生这个音乐幻觉的现象；女人——尤其是有忧郁症的女人——比男人更会出现音乐幻觉的现象。脑造影的研究显示，音乐幻觉发生时所激发的神经回路，和一般人听音乐时的回路相似，但很明显的不同点在于前者的听觉区完全没有活化的现象。

所以，我告诉老杨的，是有根有据，不是只在安慰他而已。不过，如果他知道，在他来的前一天，我才读了这篇期刊的文章，他会说，这是巧合还是缘分？我是科学家，宁可相信那只是巧合！

5 历史上最伟大的"学生"

不爱出风头的酿酒师，

创造了统计学上的大理论。

八月中旬德国南部，一向风和日丽，充足的阳光与肥沃的土壤，使得当地的葡萄长得甜又多汁，是世界有名的葡萄酒产地。我不会喝酒，也不懂酒的好坏，所以，即使到了世界最著名的酒乡之地，也没有想过要去参观探访。但是，天下事有时就是难以预料，说真的，想不到我到德国美因兹大学（Johannes Gutenberg University Mainz）的三个研究单位（心理系、语言系及医学院）作了三场演讲，得到了三次掌声，最后，更被送进三家大酿酒厂，去品尝三种不同品牌的特级葡萄红酒与白酒。经过三天的洗礼训练，我已从"酒盲"变成论酒的专家了。

记得第一天的演讲才结束，心理系主任告诉我，他要送给我一个旅游的惊喜，我很高兴的跟着他和几个同事一起开车南下，一路上以超出 200 公里的时速飙飞在铺得非常平稳笔直的高速公路上。40 分钟后，车子离开高速公路，转进了山间小路，两旁起伏的山丘种满了一排又一排的葡萄矮树，一眼望去，海浪似的绿涛成波，隐藏在叶影中的蓝珠成串，加上青天白云，风光实在明媚。车子转了几个弯，开进一个小村落，眼前到处是红瓦土墙的小房子，以及由小石块精心铺成各种图案的小道路，我们把车子停在路旁，走向村庄的中心。道路两旁的小房子都整理得非常干净，房前、墙边、窗户四周布满各式各样各种颜色的小花，漫步其间，有如西洋童话中的仙境。

走到了村后一家拱门大开的农家，院子里摆了几张大桌子，铺上了印有葡园山庄图案的桌布。山庄主人已经等在门口，招呼我们赶快坐下来，然后迫不及待的从后面厨房拿出两瓶红酒，一瓶 dry、一瓶 half dry（糖分高，酒的含量较高），供我们各自挑选。主人先为自己倒一杯，一边喝，一边说明他们家的制酒史至今已有 400 年。站在他身边的是一位品酒师，满年轻的，一脸和善，说今天的任务是要教会我们如何品尝葡萄酒。

他先以矿泉水漱口，然后拿起一杯刚倒的红酒左右摇摆晃动，接着用大鼻子在杯口用力闻吸了一下，眼睛都眯起来了，好享受的样子；停顿一下后，他举杯含了一大口，并没有马上吞下去，而是让那口酒在口腔里滚动，并且用力冲击舌头四周，四五次之后，慢慢的将整口酒喝下去，又闭目养神，回忆一番，才放下杯子，告诉我们："品酒靠的是嗅觉和味觉的统合观感。首先要利用晃动，让杯中红酒的浓郁香味浮发出来。品酒工作的第一步，是要鉴定酒的香味来自哪一种葡萄酿制而成。我们要经过专业训练，在各种酒里去定出味道的方向。对同一种的酒香，重复鉴定，有一致性的结果，才能通过第一个专业考核，才能进入下一步的训练。再来，就是要把酒含在口中用力冲击舌头的四周，不能含在舌头中间，因为舌头中间部位并没有很好的味觉，不是吗？"

讲完这句话，他眼睛对我们扫描一番，接着说："你们都是研究心理学的，对舌头上负责味觉味蕾的分布，应该比我清楚才对。"他讲得没错，大部分的味觉是集中在舌头周边，甜的感觉在舌尖，酸、辣分别在舌头两侧的前后，而苦的感觉大部分集中在舌根后部。所以，当我看到品酒师把酒含在口腔，用力冲击着舌头的四周时，我了解它的作用就是不要让酒停留在舌中间，而能刺激舌头周边的甜、酸、苦、辣的味觉。这些品酒师的专业经验，和科学研究的生理结构是符合的。

理解了这些道理，我也举杯晃动，努力用鼻子闻了一下，寻找芳香的性质，再喝一大口酒含在口里，接着在舌头四周冲击，一阵子之后，果然感到酒味道的真实感，是以前我囫囵吞酒时所没有的经验。即使吞下去之后，对酒味道的感觉仍然回味无穷。

主人从厨房里又拿出另一瓶红酒，要我们去品尝体会另一品种的葡萄所酿制的酒味。品酒师要我们先把口漱干净，至少等两分钟后，才喝另一杯，因为味觉刺激反应的还原，至少要等一分钟。从生理实验的证据，品酒师的经验又完全符合研究的结果。所以，科学家真的不可忽视民间的经验，后者也可以非常准确的。

我们一次又一次品尝各种酒，三次红酒、三次白酒，dry 与 half dry 各一杯。我因为不胜酒力，所以没有走完全程。但看其他同行的人，都是一杯接一杯，而且"似乎"也能对不同的酒味作出判定，区分它们之间的不同。我对这样品酒定高下的历程印象深刻，但心中不免有所怀疑，因为酒的制程真的很复杂，阳光、土壤、水分、发酵的技术、香料的调配、空气中的湿度、储存的条件，这么多变数，只凭少许几位品酒师，真能一尝定酒质吗？有可信度吗？判定的效度又如何呢？我向品酒师提出这些问题。他不疾不徐的说："你听过 Student 的 t 分配吗？"

他一言解除了我心中的疑惑。对的，这个问题一直存在酿酒业的同业竞争中，谁有能力决定某一成品和另一成品有"显著"的不同？单凭几位品酒师，样本是否太小了，不足以涵盖全貌？而且样本小，也就没有足够的代表性，其中的误差又将如何校正呢？

差不多一百年前，有一位在爱尔兰都柏林的金氏酿酒厂（后来的金氏纪录公司的相关事业）工作的化学师，为了解决这个问题，提出了一篇划时代的数学论文"The probable error of a mean"，其中，他推导出小样本的 t 分配，可以用来校正小样本可能产生的推断误差。这个在统计上赫赫有名的 t 检定（t-test）方法，竟然是由一位名不见经传的酿酒师所提出，影响了一百年来的生物、农业、社会、经济、心理、教育等学科的研究推论。最有趣的是，这位"业余"的数学家，在一家大企业做事，依规定不得把研究成果随便发表，他本人也真是个不爱出风头的酿酒师，所以就用很谦虚的笔名"Student"（学生）发表这篇论文，至今学界大多数做实验的人，几乎天天都在使用 t 检定，然后根据 Stndent't 的分配表，去得出实验的结果到底有没有统计上显著的效应。

我走出了农家大院，心中缅怀着这一位百年前为人类的知识作出巨大贡献的人，他的真名是葛赛特（William Sealey Gosset），他自己是金氏黑啤酒厂的酿酒顾问，又是统计学上最有名的"学生"，他在酒中找到了学问，也教会了酿酒界的人如何去设计实验，以实证的结果去提升酒的质量。我走在葡萄园的小道上，想象着一百年前他在小麦田埂上骑脚踏车的闲逸身影，我们才是他永远的"学生"！

6 原创力之探源，犹如摸象

但持续的摸索下去，把各种图像兜在一起比对、整合，

象的真实形状就会显现出来。

1950 年，20 世纪刚过了一半，美国心理学会在宾州州立大学的校园里举办了第五十八届年会，由当时以研究智慧的多因理论而赫赫有名的季弗德（Joy Paul Guilford）教授，发表新任理事长的主题演说。演讲一开始，他就对心理科学的研究走了半个世纪，却对人类最伟大的创造力特质不加以重视，表示不满，他举证说明 50 年来心理科学文献中有关创造力研究的论文不到千分之二。季弗德在演讲中，一再提醒心理学研究者要从发散式思考（divergent thinking）方式去理解人类创造力的缘由，他和他的学生也就此投入并推动创造力的科学研究。

1996 年，又过了将近 50 年，心理科学对创造力的研究投入了更多的关注吗？耶鲁大学的史登堡（Robert J. Sternberg）教授在那年做了一个更为仔细的统计，结果发现，从 1975 年到 1994 年的科学文献中，和创造力有关的论文大约有千分之五，比起 50 年前好像进步了一点点，但如果和别的研究议题的论文数相比较，仍然是少得可怜，居然比阅读的研究（千分之十五）少了3倍！

为什么大家都认为是那么重要的创造力议题，却得不到研究者的青睐呢？原因很简单，大家都知道人类是有创造力的，否则个人的理念不会翻新，社会的制度也不会有变化，科学不会进步，技术不会革新，新潮前卫的艺术也不会兴起，但是引起这些变革的原动力是什么？什么时候会启动？何时完成新的风貌？这都是很难界定的，因此，在没有一个共同的研究典范之下，基本语汇、概念、测量方式都毫无共识，对预期的成效也没有把握，大部分的心理科学家就只有选择视而不见的态度了，而留下来投入创造力研究的人，又常常只从各个不同流派的观点去解读创造力，议论纷纷却又各说各话，犹如寓言故事中的瞎子摸象，摸到象脚的就说是柱子，摸到身躯的说是墙壁，摸到尾巴的说原来是一条蛇，摸到……个别而言，他们都对了一点点，但整体而言，他们都不对。让我们来看看这些不同流派到底摸到了什么。

第一，我们碰到的说法是神秘的心灵附身。从古希腊的柏拉图认为谬思借诗人的笔在吟唱，到近代的吉卜林自认只有在心魔盘踞胸腹时，才会灵感涌现、创思不绝，都是在描绘个人创作时的心理状态。但这种说法重视的是捉摸不定的灵感，很难进入科学解析的殿堂。

第二，我们读到了许多实用派的说法，他们总是从用什么方法才能提升创造力的角度去举办各种工作坊，提出潜能开发的概念，但他们从来不重视理论的研究，也不觉得有必要用科学方式来验证他们的说法。他们强调的是个人或团体要自我修炼某些特定而"有用"的思考方式，例如要养成旁敲侧击思考（lateral thinking）的习惯，要经常经历积极的脑激荡（brainstorming）活动，练习放松，减少压抑等。其实他们的某些作为和学院派的科学理论是不谋而合的，但是因为他们从不愿意对提出的方法做科学上的效度检定，因此所谓不谋而合，是否只是表面的相似，而无实质的意义？

第三，脱离了这些旗帜鲜明的实用论述，我们往下就会摸到不可意识的潜意识创造论。这一派的祖师爷当然是心理分析学派的创始人弗洛伊德。他主张作家和艺术家的创造力来自于要把他们那些被压抑在潜意识里的欲望，以社会可认同的方式表现出来。创造力犹如埋在地底下随时可能被引爆的火药，在某些社会文化的条件下，会展现出异于常理的行为表现。近代的心理学界，把这一派的看法称为心理动态的观点，将它们归为艺术与哲学的表述，而不是严谨的科学理论。

第四，我们终于走进了量化的世界。季弗德和他的追随者主张以科学计量的方式，去测量人格的特质，设计适当的测验就成为研究的主要工具。想设计有用的测验，就是测验题的制定必须根据某些特定的学理，才能使测验达到除了一定的信度（可靠）之外，还要有好的效度（结果确实反映所预定要测量的特质）。所以，对于创造力特质和大家所熟悉的智慧测验所量到的 IQ 特质到底有何关系，就必须厘清。如果创造力和 IQ 相关很高，那就不必为创造力的探源伤脑筋了，因为了解 IQ，就包含了创造力。但事实上，多年来大量的研究结果，都指出两者之间并没有一一对应的关系。

有研究指出，高创造力的人一定有较高的 IQ，也就是说要有创造力就要有高于大约 120 的 IQ，但 IQ 超过 120 以上的人，创造力和 IQ 的关系几乎等于零；更有趣的是，在有些特选的极高成就的领导人群里，他们的创造力和 IQ 反而出现负相关，表示创造力和 IQ 各遵循不同的心理运作轨迹，确实不可混为一谈。

第五，谈到人格特质，就不能不谈到动机，尤其是社会化历程的成就动机，社会与人格心理学的研究者，在比对高创意者与低创意者的人格特征，归纳出前者的几项主要特质，如独立的判断力、对自己有信心、对复杂问题有兴趣、有美感，而且不怕冒险。这一派人认为文化的陶冶也是个重要的因素，文化多样性、战争、偶像典范（role model）的存在，以及在同一领域中有强的竞争者，都是时势造英雄的社会文化条件。

第六，赞成演化论者也有话说。他们认为创造力的机制和生物演化的机制并无不同，前者只不过是在人类社会文化条件下演化的特例而已。他们认为创造力的出现须经两个步骤，第一个步骤是盲目的变异（blind variation），也就是不同的概念随机式的被抛出来；第二个步骤就是选择性的保留（selective retention），使适切的理念被保留，而其他的就自然消失。这样的看法，对一般以人为本的学者而言不太能接受，认为把创造力建立在盲目的变异上，是个不可思议的想法。史登堡教授强烈反对把莫扎特、巴赫、贝多芬的美丽乐章，说成是建立在随机出现的音符上。

最后，我们这些研究认知神经科学的人，有什么看法？如果我们从左、右脑分工的功能观点去看创造力的出现，就会有很惊喜的发现。一般而言，左脑的处理方式是专注于特定、具体且直接的目标，采用的是聚焦（focus）的策略；而右脑的处理方式是把能量散发到较遥远、较模糊、较间接的相关目标上，采取的是像涟漪扩散式（diffusion）的策略。如果创意是把所学过的旧记忆重新排列组合的结果，则右脑的扩散功能，配合左脑的聚焦功能，确可提供非常完整的创造历程的描述。

另外，我们也可以在计算机上去建构这些不同的策略，来模拟创造的历程，例如早期的 BACON 模拟程序，可以在得到哥白尼当时的各项天体运行的有限信息时，计算出哥白尼所发现的物理运动的第三定律。但用模拟方法所建构的创造力，是真的如人脑所发展出来的创造力吗？

上述对创造力的不同论述，各有特色，也确实点出了不同的向度，但假如只从一个角度去看创造力，则犹如摸象，摸此得此图像、而摸彼得彼图像的对立情况就非常严重，但科学家必须持续的摸索下去，这些不同的图像经过不停的比对、整合，有一天总会得到真实的象的形状。这最后的了解，也是一项创意的表现！

7 智慧之城：地中海边的藏书库

凡入我港，强行搜船；

若有新书，抄完再还。

蔚蓝的地中海上，一艘雕饰得十分精美的木造大商船，缓缓地驶进埃及亚历山大（Alexandria）港，身形高壮的船长，一脸严肃站在船头上，所有的水手都暂时放下了手边的工作，紧张地凝视着岸上那一大群全副武装前来迎接他们的军队。发生了什么事？只知道他们要上船来搜查。但，搜什么呢？

船终于稳稳的靠在岸边，岸上的将军和士兵们不动如山，倒有一位看似文职、长相圆滚的官员，带着四五位随从，穿过军队面前，轻快的走上船头。船长怀着忐忑的心情迎接上去，以流利的埃及话向官员们致意，满脸笑容一再强调这是一艘道道地地、如假包换的商船，在地中海的各个港口航行，以货易货，纯粹做生意，而且依法缴税；绝没有隐藏罪犯，也没有偷运奴隶，更没有任何走私的违禁品，一点都不会乱来。

带头的长官听着船长紧急的陈述，微微一笑，以文质彬彬的口吻说："船长，请放心，我们不是税吏，也不是国家安全官，我们是国家图书馆的代表。我们上船来，是因为埃及刚刚颁下了一道律法，规定所有外来的船只一旦在亚历山大港停靠，都必须接受搜查，看看你们是否带来了新的书卷，是我们没有的！"

搜书？船长听了这席话，吃了一惊，心中更是嘀咕不已，难道带书有罪吗？何时埃及变成焚书、扼杀新思潮的国度呢？图书馆的长官看出了船长的惊慌，立刻安慰他说："我们搜书，是为了看看有没有新的知识在我们不知道的地方出现了。只要是新书，我们会派人抄写下来，存在图书馆里，原书就还给你。如果是用我们不懂的文字写成的，则我们希望你们船上那位懂得该文字的人帮我们翻译成埃及文或希腊文。我们的君主认为，拥有书，就是拥有智慧。他特别颁布这条法律，是为了要让埃及拥有全人类的智慧，并且把亚历山大城的藏书库（Bibliotheca Alexandrina）变成全世界最重要的智慧之城堡。"

两千多年后，我背对着图书馆，坐在石阶上，迎着海风，面向亚历山大港，遥想着发生在地中海岸边的这一段故事，不禁肃然起敬。居然在两千多年前有这么一位大智慧的国王，颁布了这样的法律，以收集人类的新知为己任，然后把他的藏书库开放给各国学者，邀请他们到这里来学习、创作，并思考人类的未来。

这位君主的远见、决心与具体作为，真正奠定了人类智慧的基石。仔细回顾科学史，则所有后代科学的成就，都可以追溯到两千年前那个收藏丰富的藏书库所发生的一些事情上。

这个藏书库建于公元前290年埃及的托勒密（Ptolemy）王朝，是人类历史上第一个以政府的经费支援的公共图书馆，它建在当时地中海最繁华城市的海边，所以得地利之便，收集到过往船只有心或无意携带来的各种书卷，内容之琳琅满目，有对天上星象的观测，有对地上各种动植物的描绘，有数学的运算，有医疗的技术，有哲学的思考，还有历法、农事、建筑等学问，有各种不同文字的书卷、绘本，也有各地风土人情的述说，甚至包括了各地的食谱，在最强盛的时期，藏书库所拥有的羊皮书卷及草皮书卷高达七十万卷，绝对够资格被尊称为"人类智慧的城堡"。

从一开始，负责书库的管理员都是一时之选的学者，他们一致认为，只重收藏是没有意义的，藏书再多，若不能被使用，则等于无用。所以建立索引，以文字的拼音字母为序，以作者姓氏的拼音字母做排列，利用这些准则，方便使用者的查询。根据这样的原则，藏书库不停的改进索引系统的方便性，也由当代大诗人菲勒塔斯（Philetas）利用馆里的资料编纂了历史上第一部大字典，而且字的排列就按字母的次序加以编序。

不久之后，又有学者针对每一个字的内容加上注释，由字典变成辞典。而后来的学者又根据这些新的诠释与比对，写出了历史上第一本文法书。这一切都是为了方便使用者的查询，套一句现代常用的术语，就是要造出一套"User Friendly"的寻引擎。我想，雅虎、Google 的使用者，不可不感激两千年前在亚历山大藏书库中孜孜用心的学者所开拓的这些"软件"的概念。

但君主们的远见不仅在书卷的管理与使用方式，他们考虑到是要谁来使用它们，这一点才是令人佩服的。当时的君王不以埃及本土的意识形态规范文明的进展，而是广收其他国家的作品（包括敌对国家的学者著作），对当时最有名的他国学者更是敞开大门，邀请他们来到库中学习、讲学、研究、写作，期望不同文化的观点可以融合在一起，撞出新兴的火花。这些措施使得藏书库一下子就变成世界各国最有名学者的聚会场所。

亚里士多德的两位学生来了，一位是几何学的始祖欧几里得，另一位是"发现者"阿基米得；另外，第一位宣称地球是绕着太阳转动的亚里士达克（Aristarchus）也来了，第一个算出太阳历的一年有多长的希巴克斯也是其中的留学生之一；还有第一次量出地球圆周有多长的伊拉特斯提尼斯（Eratosthenes）也在那里待过；当然，那位为图书定出索引系统的诗人卡力马克斯

（Callimachus）也是外国来的学者，他整顿了亚历山大港的藏书库，使它变成为现代的图书馆，所以被尊称为图书馆之父。

这些外籍人士没有因为他们是"外人"而被排斥。亚历山大港的藏书库除了众多书卷之外，这一种接纳万流的胸襟，才是令后人景仰的，也许这也是君主们把藏书库建在地中海港口城市上的重要原因，不但借交通之便引进世界各地的人才，更要展现纳万川入地中海的宏愿吧！

这个人类文明史上的第一座图书馆在公元后的 450 年里，经过几次的战乱，就一再被烽火烧毁。第一次的战火是在恺撒大帝为亚历山大城的埃及艳后克丽奥佩托拉（Cleopatra）所发动的战争中点燃的，公元 48 年，恺撒火攻埃及舰队的余烬蔓延到港口的木造藏书库，造成巨大损害。后来几次罗马军的入侵，又烧又打的大肆破坏，到 1600 年前就只剩下断垣残壁，供后人凭吊了。

三年前，在联合国教科文组织的努力下，耗资 6 亿美元的新图书馆在原地重建完成，世界上许多国家出钱出力，为馆里的软硬件作出贡献。11 月底，我代表台湾"中研院"来此参加会议。会议选在亚历山大港的新图书馆开，是有特别意义的，因为非洲是科学家应该关心的地区，而埃及的亚历山大图书馆是提升非洲科学能量的出入口。

我带着典藏研究的成就，望着蔚蓝的地中海，对王朝君主们的宏愿，心向往之：把东方的文明以数位的方式，融进埃及、希腊的古文明中，更期望东西的结合，带来更高层次的文明！

8 触动神经伦理的心智进补术

补脑、补心、补记忆术、补感觉统合……

是我们崇智文化的宿命。

2008年奥林匹克运动会在北京举行[①]，为了迎接这四年一次的国际体坛大事，更为向全世界的观众展示国家在这些年的经济与运动实力，各级政府是拼了命，不吝花大钱，"全面搞工程"、"努力抓进度"，就是要让老外看看新中国的风貌。

我有个医疗界的旧识，是外商在中国投资的代理人，我看他飞来飞去，生意做得很忙碌的样子，不免问他在忙些什么？他说："忙奥运呗！2008就快到了，医疗卫生必须打点的事太多了，所有的准备工作必须及时完成，药品、医疗器材、医护人员、检测专家统统要到位，一点都不能有差错，怎么可能不忙碌？"我想也是！那么大的一场盛会，几千个选手，几百个项目，要准备

---

① 此文为作者2007年完成。——编者注

得非常周到，是很不容易的。所以，我敬佩之余，再问一句话："那最难的准备工作是什么？"他看着我，一脸我太不懂事的表情，嘴角喷出了两个字："尿测！"

我一听就明白了，参加奥运会的运动员在参赛前后都必须接受验尿，以确保成绩的提升不是因为外来药物的增强作用而得。最有名的例子当然是 1998 年汉城奥运会上，加拿大籍的百米飞毛腿班·强森（Ben Johnson）因为使用禁药被查出来，参赛的资格被取消，到手的金牌也飞了！另外，前不久，美国短跑健将情侣档琼斯（Marion Jones）和蒙哥马利（Tim Montgomery），就是因为禁药疑云而造成一对鸳鸯双双落难的遗憾！禁药的使用，一直是体育界的痛，也因此，在各项竞赛激烈的项目里，运动员、教练和药检单位之间的"躲猫猫"游戏就一再上演，其层出不穷的花样，更为竞赛新闻添上朵朵乌云。

近年来，生医科技的进步对体坛禁药事件更有推波助澜的作用。1996 年亚特兰大奥运，号称为"类固醇奥运"（Steroid Olympics）；到了 2000 年，悉尼奥运则被冠上"血红素生长素奥运"（EPO Olympics）；然后，因为禁药生技的发展突飞猛进，使雅典奥运会被戏称为"生长荷尔蒙奥运会"（Growth Hormone Olympics）。那北京 2008 奥运会，科学家会有什么预期呢？

根据一些由各地所举办的奥运前的单项或多项竞赛所传出的流言，以及所侦测到的禁药，已经有人预言，2008 年北京奥运很有可能成为结合禁药和生化科技的"基因工程奥运会"（Genetic Engineering Olympics）。

很可怕，也很可叹吧！人类为了争取金银铜奖牌，竟然把奥运的理想与神圣的运动精神给抛弃了。当然，巨大的商业广告利益与虚无的民族自尊心，是引起这些"药物人制造业"的主要动力。但人类的文明在标榜卓越、追求超人的途径上，所发展出来的"自宫以求圣"的歪风，才是值得整个社会去深思与自省的大事。

有人或许会认为运动员所呈现的歪风，不过是对肉体的增强而已，是属于笛卡儿"二元论"中生理机制面的那一元而已，不值得大惊小怪，反正人类该重视的只有"我思故我在"那一个较神圣的心灵面。而且贬低运动员，说他们是"不用大脑的那一群人"的不当想法，在社会上也相当普遍，因此，把体育界的禁药事件，只当成是那一群没有大脑人的作为，也就不足为奇了。但，事实上，以药补脑，以增强认知能力的想法与做法，已经出现在众多"文明人"的身上了。我们应该问的是，为什么我们容忍"心智进补"，而责难运动员的"肉身补强"呢？

無可否認的，随着神经药物科学及认知神经科学的进步，人们可以用药物来增强注意力及记忆力，并且提升空间推理能力，促进时间信息处理的效力。这些增强的能力也许不能持久，但短暂的把智慧测验成绩提高，是很有可能的。问题是，我们能相信这样因药物介入而提高的 IQ 吗？

在我们的文化里，盲目崇拜造成学业成绩高的那一元智慧，似乎是我们的宿命。只要能"资优"，那我们就什么都补！补脑、补心、补肾、补记忆术、补心算、补感觉统合，更要勤补"基本能力"。学校的小孩常常被家长补得成为药罐子，也成"背多分"，现在更要在考前一小时猛听"莫扎特"，因为有心理学家发现；后者能提高空间能力测验的成绩！

我们必须严肃地面对这个问题了，这样补来的成绩算不算？

假如大家认为"心智进补"是个人的私事，政府不该干涉，则政府就要面对假性心智落差的问题，并且也要处理公平的问题。因为并不是所有的家庭都补得起，因为新药一定很贵，而健保也不会给付！假如大家认定这些临时性的补强药物所提升的并不是真正的稳定智慧，则政府就要立法来加以禁止。例如要效法奥林匹克运动委员会的作为，严格执行尿测！

你能想象资优测验的场景吗？参加测验的学童，人手一瓶，考完后就在教室的出口处验尿，考官更要使出浑身解数，以防尿瓶被调包。这样的日子，应当不远了，希望这不是危言耸听。

当心智进补的可能性已触动神经伦理的考量时，我们是该静下来好好反省人类文明的走向了！

9 年龄会增加，老化并非必然

在我们众多的基因中，确有一基因组，有如房子的管理员，
负责让这间房子有足够的能量，来维护安适家居的各项
功能。

做一位好的科学家，有两个最主要的明显特征。第一是非常
非常的好奇，对自然界的各种新奇现象，都有一究其理的冲动；
第二是比较不保守，而随时在寻找新的方法或新的思维框架，去
解决一些目前尚无明显答案的科学难题。

其实每个专业领域的推展，都是始于科学家对自然界的物理
或生命现象的好奇，因此设计很多客观的测量方式，用以界定各
种不同的现象，并厘清众多现象间的关系。再从同中求异及异中
求同两条路径中，去整合出一些现象后的共通原则，然后用一套
简洁的语言（最好是数学的演绎方式）去建立理论。好的理论，
不但让我们了解当前所有现象的深层含义，最重要的还是能够推
演出来许多尚未被观察到的现象。新知识的建立，往往来自这些
新现象对原理论的挑战，研究者常常要设计一些关键性的实验，

用所得到的数据去决定相对理论的取舍。

作为一位科学人，也有两个主要特征。第一个是求知欲特别强，他虽然没能直接参与科学家在实验室或田野研究的操作，但在阅读科学家对他们研究的解说时，也一样经历了好奇、认清问题及求解答的历程，然后对科学家所设想的研究方式，也常常会拍案叹奇，有一种欣赏又满足的喜悦；尤其是看到一些悬宕已久的问题，忽然被一个新的构想所引发的新实验方法给解决了，更深觉人类的文明又有了新的枝芽，而它不知道又要以什么风貌出现在未来的世界里。想起了这样的可能性，心里当然充满了喜获新知的感动！第二个特征则是有分享知识的热情，看到了好的想法、做法，就会情不自禁想说给别人听，科学知识的扩散，就是建立在这个与人分享的基础上。

我这些日子，心情很愉快，就是因为读了一篇很有意思的科学报告，这份研究对延缓生命老化提供了新的可能性。所以要赶快和你分享！

在美国生活时，常常听到一句很有趣的谚语："做一位现代的国民，有两件事情是绝对逃不掉的，一个是缴所得税，另一个则是随年纪之增长而逐渐老化。"缴税和老化这两件事，当然是反映人生的无奈，前者虽然铁令如山，非缴不可，但有"办法"的有钱人，却总能在税法的漏洞中做各种"节税"（说逃税就太难听了）的处理。到头来，那些每年收入上亿的富豪，缴的税比我这个受薪阶级，竟然少得太多了。所以，精研税法，是可以为某一些人减低（或完全去除）纳税的必要性的！难怪美国到了缴税的月份，书店里就充斥着各种各类的节税秘籍，教你许多 tips，在合法的范围内和国税局斗智。

但对于老化的必然性，难道我们就束手无策吗？总不能认命了事，静待年华逝去吧？其实生命科学界对老化的研究已经有很长的历史了，而且大家的共识也越来越指向基因控制的理论。但是到现在为止，各个实验室的研究都只看到自己实验室里某一种动物的生、老、病、死，只知道龟可以活得很久，而果蝇的寿命就只有几个星期。老鼠、猫、狗、猴子、猩猩、人，各有各的老化历程，好像很难兜在一起，所以很难回答共同机制的问题。常常在一种动物的研究里所找到的老化相关的蛋白质变化，在另一种动物中并没有相似的变化，尤其当使用的测量方法都不尽相同的情况下，就更没有结果和解释的交集了。

美国斯坦福大学一群科学家最近就完成了一项突破性的研究，他们想如果问题是产生在只使用单一动物的困境，那为什么不用同一个客观的测量去做"跨动物"的老化研究呢？打破各个实验室的限制，打破所使用动物的限制，也打破了方法上的限制，他们使用了可以侦测到细胞或组织里蛋白质产量的微列阵（micro array）分析仪，去作"跨"动物的比较研究。

他们检测果蝇、老鼠细胞里的基因所产生的蛋白质数量，看看哪一组基因的活动量因老化而产生差异；他们也从 81 位年纪由 20—80 岁不等的人身上，拿到了肌肉、脑和肾脏的组织，来加以比对和分析。果然在所有被检测的动物及人类的组织里，他们发现了有一组基因，在年老的时候活动力特别低，这一组基因建构了所谓的电子传递链（electron transport chain），在细胞的线粒体中负责产生能量。毫无疑问的，这一个共同机制的发现，对今后老化历程的研究，将有很大的影响。

因为它提供了一个"跨属"（包括各种动物）的客观指标，可以相互参照，它更点出来这个指标比"生日"（几岁了？）对老化更有实质的意义。在那 81 位年纪不等的人的检测数据中，如果有个六十几岁的人看起来活力十足，比实际的年纪年轻 20 岁，他的这一组基因的蛋白质产量，果然是和一般 40 多岁的青壮年的蛋白指数相当；另一位 40 多岁的人看起来未老先衰，他的这个基因的蛋白指数，果然是等同于一位六七十岁老人的基因所产出的量。

根据这个指标，这批科学家的另一发现是各个不同生物属的老化速率（即由出生到开始衰微的时程）各不相同，但一旦老化的机制开始启动，本来维持相当固定的蛋白质产量，就忽然间开始减产了，好像工厂就要关厂了。这一个发现很有意思，因为它告诉我们，在我们众多的基因中，确有一组基因组，有如一间房子的管理员，他负责让这间房子有足够的能量，来维护安适家居的各项功能；直到有一天，他忽然决定离家出走，不再照顾房子，那间房子就开始这里破、那里漏，慢慢的也就垮了！

问题是什么因素使管理员愿意在龟壳中住很久，而在果蝇中却待不了几星期呢？到目前为止，什么是这组老化基因启动的原因，仍然没有解答。

人类似乎是唯一能够延缓老化启动时程的动物。根据一份历史资料的统计，在两千年前的希腊，人们平均寿命不超过 40 岁，到了文艺复兴时代，平均寿命就延长了 10 年，比较 20 世纪前后 100 年，欧洲人的平均寿命也由 55 岁增加到 65 岁，有些国家的人甚至超过 70 岁。如果我们看看台湾，近 50 年来，也由差不多 60 岁增加到逼近 75 岁，妇女甚至已达 80 岁左右。

好像人类的科技文明，确实在把掌管老化的基因之启动期往后拉；当然科技的进步使我们更健康，更能提升免疫力，也使我们有更好的居家环境，以抵制自然界的灾难。但除了这些物理性和生物性的增强之外，也许讯息量的增加，也会使脑神经的活动越来越不知"老之将至"。我想下一波的研究，就要把认知能量和老化基因启程之间的关系厘清。也许科学上不停进展的老化研究，有一天也会减低（或完全去除）老化的必然性吧！

　　所以，多多阅读，活化你的心灵，让脑神经永远保持战斗力，真的会使你年轻！

10 哈伯先生，做不了 Spelling Bee 又如何？

失读症是生物问题，

社会文化则使问题更复杂化了！

会议应该在下午五点钟结束，但由世界各地来参加此次研讨会的各路英雄好汉仍然意犹未尽，你一言、他一句，浑然忘了时间。主持人很急，因为大会准备的车子五点半就要开了，又不好阻止研究员的热情发言，只能干着急。但主持人异样的神情，让大家停止了讨论，大伙儿很快的就安静下来，主持人松了一口气，把会议的结论稍微终结后，就宣布："今晚将在康州最美的森林山庄接待大家。农庄的主人正焦急地在等待着我们，他们夫妇是当代的影视界名人，拍了好多富有时代意义的纪录片，得了五十几个奖项，其中包括有九座艾美奖，最特殊的是主人哈维·哈伯（Harvey Hubble）本人是先天性失读症者（developmental dyslexia）。"

轮到我心急如焚了，好想赶快见到哈维本人及听听他的故事。因为我们会议的主题就是跨语文的失读症，而且这个跨国合作的科研计划，才以前百分之一的排名，被选入美国国家卫生研究院

（NIH）的整合型前瞻研究案，为期五年。我们这两天的密集研讨会就是为了 12 月 1 日即将启动的研究案做暖身。这计划由耶鲁大学、芬兰赫尔辛基大学，以及台湾阳明大学共同提出，将针对不同文字系统的失读症儿童，做脑神经组合及基因检测的研究工作。

总主持人真是用心良苦，特意安排我们去哈维的农庄，参访他如何以纪录片的形式，将失读症者的故事介绍给全世界的电视和电影观众。我听说他正在自导自演拍一部有关失读症研究的影片，名字就叫作"Dislecksia: The Movie"。单看片名 dislecksia，就知道他真是个失读症者，因为正确的拼法是 dyslexia，而"正确拼字"正是失读症者所不会的。

大会的车子在 5 点 50 分出发，我因为自己租了一部小箱型车，就载了李俊仁和郑仕坤博士以及芬兰来的三位研究者在 6 点整出发，一路上开得很辛苦，正好遇上了周五下班的车潮，塞得有够厉害。在高速公路上走走停停，好不容易开到 Litchfield 的出口。还好，往山里走的车子少多了，我加紧油门，穿过一个小小的市区中心，绕过一个好古老的乡村教堂，然后又跑了一段垂直往上的山路，向左一弯，忽然一片草原在眼底展开，左侧三幢白色的小房子，很纯朴的新英格兰风味，路的尽头是个较大型的农庄，左边是一栋石头房子加上白色木板搭起来的两层楼房，前面有大院，后面则是一片树林，听到水声潺潺，原来树林旁有一道小溪，院子好多棵高耸的白桦树，风景幽静得令人感到如入仙境。

路的右边是个大粮仓，我把车子停靠路旁，粮仓内已是人声鼎沸，人手一杯，正在欣赏主人夫妇这两位艺术家，以农村生活必需品布置出来的美国独立战争中的新英格兰风情历史展，非常有创意，自然而不感觉突兀。我走到路边，看远处地平线上红通通的一团火球，主人哈维站在我旁边一起观赏那原野的景色，我问他说："那是太阳？还是月亮？"哈维没说话，径自带我进粮仓里去倒杯饮料，并引见我给当地的人士。才一下子，哈维又拉着我走到外面，看那团火球比刚刚又升高了许多，这才说："是月亮，因为它飞上去，而不像太阳在这时候会沉下去！"哈维用铁证（hard evidence）来为那团火球正名，他诚挚的表情令人感动！

哈维又拉着我走进他的住家，那间白色的大木造房子，大步跨上二楼，几位摄影师已经准备开拍哈维和我之间的对谈，他想记录下来我们的实验成果，尤其是对阅读汉字是否也会有失读症的案例呢？我告诉他汉字阅读也会有失读症儿童，而且比例和使用拼音文字系统作为媒介的地区是差不多的。他说："那这是个生物的问题，而不是社会文化的问题啰！"我说："是的，但后者使问题更复杂化了！"

我也告诉他，曾经有位会说华语和英语的新加坡人，他在英语学校读书，很聪明，但却有先天性失读症的各项表征（如阅读速度非常慢、拼音常常出错等），他的家长认为这是因为英文里字形、字音要对应的规则太难的关系，于是请中文老师来教他阅读中文。几个月下来，发现即使学习汉字阅读，他一样有失读症的问题。而且，现在越来越多的科学证据也指出，阅读不同文字所用到的脑神经回路其实是差不多的，从使用不同语文的人在阅读该国文字所显示的脑造影图，就可看出一致性。

我在镜头前和哈维对谈了将近 40 分钟，谈得非常尽兴，他思路清晰，提问的核心很准确，常能一语中的，而且对证据的比对很快，推理的深度也不亚于我所认识的一些专业科学家。但他是个先天性失读症患者。我告诉他，先天性失读症者绝不是没有能力（disable）的人，只是恰好在一个他的基因不太能适应的认知系统里，如果他出生在一个没有文字的社会文化中，根本就没有失读症这件事。哈维对我的这番话频频点头，抬起招牌手势，翘起他的两只大拇指，说："我就是要记录你说的这番话，让全世界的失读症者了解，他们不是 disable 的人。"

他带我参观他二楼的住房，大部分都变成摄影棚了，各式各样的摄影机架在各个房间里，连小小的挂衣房四面都贴满了海绵做为吸音器，录音房就这么简陋，但他展示给我听听音响，效果真是一流。他的工作室更是夸张，四面墙壁贴满简报，从历史上的名人（如达芬奇、米开朗基罗、爱因斯坦、毕加索……）到现代的名人（如阿汤哥、约翰·钱伯斯、李光耀等），以及各式各类有关失读症的科学研究报告，也有小纸条，有笔记本，记载着各地失读症者所写的信，其中还用红笔圈出拼错的字。

另外，他自己也做了很多个案的调查整理，包括事业有成的失读症者，以及因为失读症遭误解而失败的人。同时，他也访问许多科学家，了解最新的大脑和基因研究，希望针对失读症的病因以及处理方式，寻找有效的方法来帮助其他失读症者。最后，他拿出一大本档案夹，里面分成十几个章节，很骄傲的说："这就是我的电影，你也在里面噢！"

那天晚上，我们在大院子里披着月光、吃现烤的牛肉汉堡，哈伯夫妇谈笑风生，信心十足，但在甜点上来的时候，哈维说："可惜我就是成不了一个 Spelling Bee[①]！"把大伙儿都乐歪了！哈维，你能正确拼出"Emmy Award"吗？

---

① Spelling Bee 意指"拼字比赛"，近年来，有越来越多的美国孩子热衷拼字比赛，这群辛勤刻苦的小选手又被称为"拼字小蜜蜂"。——编者注

第四篇　阅读看门道

1 远处的太阳正慢慢升起，照亮了我案头的书！

不论读者是心理学或其他学科的专业，

都将因为这本书而开始对认真研究真正的心理学的人有所尊敬。

我做记忆的研究，主要在探讨人类如何把学会的新事物储存在脑中、存在脑的哪一个部位？将来要用这些知识时，以哪一种提取的方式最为快速而有效？为什么会有遗忘的现象？老人的记忆在哪一方面比年轻人差，为什么呢？是老化的生理因素造成过多的遗忘，还是一生有太多的记忆造成提取时的干扰，所以对从前的经历如数家珍，而对眼前经历的事转眼就忘？

为了研究这些问题，且能准确地找到答案，我必须有设备良好的实验室，里面有高速的计算机来帮助呈现学习材料，记录被测试对象的反应，并根据不同实验的目的，变化刺激材料呈现时的各种状况。有时候，受试者还要戴上电极帽，让我们能测量到脑波的变化；如果必要，受试者就会被带到脑造影的实验室，透过功能性磁共振造影仪器，把他们在学习以及在回忆时的脑部活动显影在计算机屏幕上。

很多朋友来实验室参观，他们总是说："你不是个心理学家吗？干嘛要这么多设备去做实验？"有的人更语带揶揄说："弗洛伊德只有一张沙发就够了！"碰到这种情况，我总要费很多口舌去说明"实验"心理学的研究方法，并引经据典说明实验心理学家这一百多年来的成就。但如果一开始我的介绍是："我们是认知神经科学家，在做记忆的研究。"则大多数的参访者都会认为我们是很"科学"的一群，在做"很了不起"的实验。

诡异的是，我还是我，实验室是同一个，设备仪器都没有变，所做的实验也相同，不一样的只是"称谓"而已。这是因为在一般人的心目中，心理学和科学是不搭调的，所以许多自称为"心理学家"的议论是可以不必受到科学方法检定的。但我要大声疾呼的是，心理学真的不是这样的！在各种场合，我都一再强调心理学是一门很严谨的"人"的科学，而我常听到的反应是："你做的这些实验当然很科学，但你不是心理学家，你是认知神经科学家啊！"

其实称谓并不打紧，真正的心理学在做什么、怎么做才最重要。多年来，我一直想写一本科普书，把这百年来，心理学如何从沙发椅上的冥思走进实验室的过程，作一个深入浅出的说明；

并且把心理学自从进入实验室后，如何对人的各方面行为有了新的了解，进而建立科学理论的成就，也作一些交代。但是很多事情不一定要自己才能做，很多时候就会有一些拥有共同理念的人抢先做了，而且做得比自己去做要好太多了。

《这才是心理学！》这本书就是一个最好的见证。作者基斯·史坦诺维奇（Keith Stanovich）是我多年的老朋友，我们同是美国心理科学学会（Association for Psychological Science）会员，他在研究阅读与推理历程的成就非凡。20 年前，他和我都在几个重要的科学期刊上当编辑委员，我们在各自的学校里也都教一门"研究方法与设计"课，碰在一起时，总会交换课程大纲与教学心得，都感到大学生对心理学误解重重的忧虑。这些误解反映出整个社会大众与媒体对心理科学的无知，因无知加上误解导致许多怪现象（如用指纹测智力，常用左手可以开发右脑潜力等），也容易因无知引起的不安而被有心人操弄，造成许多人间悲剧，耗费社会成本。

基斯说，他决心要写一本书来"以正视听"！他是剑及履及的人，所以，当我回台湾教书时，包裹里就是他的第二版 *How to Think Straight about Psychology*。

这本书一出版，真的是"轰动武林"，因为几乎所有大学里教

"普通心理学"的老师，都指定它为学生必读的补充材料，大家期待已久的一本"训练心理学学生有批判性思考"的武功秘籍终于问世了！也因为广受欢迎，很快的在三年内就进一步更新修订。

我带着这本书，逢人必介绍，也用它来作为普通心理学的教科书之一。十几年来，很多心理学界的朋友被我的热情感染，也用它来做学生的必要读物，但英文书总是普及得不够快，当时从香港回来教书的杨中芳老师说她愿意把它翻译成中文，让更多的人可以阅读。但是杨老师回香港后，又到广州的中山大学创设心理系，从各项实验室的建立、人才的引进、教室的规划，一切从无到有去建设，又要张罗行政的各项措施，还要筹措经费好让年轻的老师得以发挥所长，自己的研究更不能丢掉，我看她非常忙碌，实在不忍催她。

一直等到英文第七版问世，她由广州传来讯息，说译稿已完成，要我为文推荐。我突然惊醒，再忙碌的人，心中有理想，就会完成它。为了这本书，她消瘦了，鬓发亦转苍，但交稿的那天，我实在感动，她容光焕发，精神十足说："唔，这才是心理学！"

我竟夜阅读杨老师的译稿，为这本书写推荐时，心里不再惦着要去介绍书的内容，因为只要读者捧起书，我相信他（她）一定会为它精彩的内容所吸引，读完之后也一定会对"人"的复杂有所感触，以后更会对心理学的各项报道，产生自发性的批判性思考。不论读者是心理学或其他学科的专业，都将因为这本书而开始对认真研究真正的心理学的人有所尊敬。

人的实验，远比其他学科的实验要难，因为人的个别差异很大，周遭环境的少许风吹草动、邻近社区的文化变异，或临场身心状况的变化，都会导致实验结果的误差，所以正确知识的建立很难。但多年来，研究者兢兢业业，在一个又一个严格控制的实验之下，确实也取得了相当的成绩，终于赢得其他学科的肯定与尊重。美国科学院二十几年前才开始有心理学门的院士被选入，而"中央研究院"在成立将近 60 年之后，我才被选进成为第一位心理学的院士，可见一斑。

在整个人类知识的进展上，心理学必然会占据越来越重要的位置，但什么是心理学，一定要先弄清楚！我要向我的老朋友基斯·史坦诺维奇及他的书的译者杨中芳老师致敬。啊！远处的太阳正慢慢升起，照亮了我案头的书！（《这才是心理学！》推荐，2005 年 4 月，远流出版）

2 太空漫游记，地上沉思录

克拉克预言似的见识，代表的是科学家在哲学反省的深刻思考中，

那语重心长的警语与不厌其烦的提醒。

我还记得 30 多年前在台北西门町的电影院，看由克拉克（Arthur Charles Clarke）小说改编的《2001 太空漫游》（2001: A Space Odyssey）影片后的震撼。电影一开场，灯光全熄，一阵宁静，在黑暗中，聆听由四方传来的交响乐曲（那时候，立体声音响刚刚才在台北街头流行），感觉自己在浩瀚的太空中漫游，同时乐音传递着一个又一个启示，人类的智慧在锣鼓声中引爆，文明在急速的乐音中变成多样多元，精神价值系统不断凝聚又逐渐崩盘，人类的命运将何去何从？我们是否要永远在期待另一个启示的来临？！

在那一片黑暗的电影院里，也许我是那少数被电影的前奏曲牵动心灵的人之一，因为我在观赏影片之前，已经读过克拉克的《2001 太空漫游》科幻小说，是他的"大粉丝"之一；也因为崇拜

他的缘故，我至今一直坚持在科普写作的推动上。我相当认同他的想法，也主张人类文明因为科学思维的出现，已产生生命含义的质变，而这个变化的外显现象，已经很容易从全球各地区科学知识落差所造成的生命落差看出来了。所以，克拉克预言似的见识，代表的是科学家在哲学反省的深刻思考中，那语重心长的警语与不厌其烦的提醒。

克拉克写了很多不同主题的科幻小说，写作的方式与格调也有很多变化，但他的"太空漫游"系列，则是最受欢迎的作品。科学家对其中科学知识之精确感到敬佩，对其"未来世界"的预测及内容的几可乱真，也往往感到不可思议，又觉得克拉克总是有能耐一言提出科技发展的前瞻视野，把科幻和科技实质进展之间的鸿沟都打破。

对非科学家的读者而言，从书中所吸收的科技新知识，都是有一定的科研根据，绝非异想天开似胡乱制作的成品。例如，在《2001太空漫游》中大领风骚的计算机模拟人哈儿（HAL），就是几十年来大家一直推测，有一天会有但目前科学界仍无法创造的，一部既能思考又能自自然然对话却没有意识的"机械人"。这里所带出来的众多问题是科学家和非科学家千年来对"人"看法的一些疑惑。如何诠释"人之异于禽兽几希"的"希"字？是思维吗？何谓思维？什么是自然语言？为什么能打败世界棋王的深蓝（Deep Blue）程序，不能转换为对答如流的自然语言的理解（输入）与说话（输出）机呢？思维可以没有意识吗？说话、听话不需要意识吗？那，什么是意识？克拉克在太空漫游中创造了哈儿，但它是有缺陷的吗？为什么科学家努力了30年，月球都上去了，DNA也解序了，但哈儿或超级哈儿（Super-HAL）却还没能出现？难道我们非要到木星（Jupiter）去找到那块神奇的墨石——TMA2，老大哥——才有可能为我们解惑吗？

除了太空，克拉克对海洋的向往，也是很令人称奇的。他为了抗议英国的税制，下半生就长居在斯里兰卡的海边。在那里，他结合了世界的科学家，对印度洋的风貌（物理与生化条件、生物多样性、地理与人文景观等）作了相当深入且广泛的研究。这些研究发现除了发表在专业期刊之外，也一一融入了他的许多小说中。

有人曾经问他，在那贫乏的斯里兰卡居处，每天的生活很少变化，难道不会感到无聊吗？他想了想，回答说："是啊！如果你只能以家居的眼光看我在斯里兰卡的生活，日复一日，甚少变化，那当然会很无聊。但是，你如换一副生物演化史的眼光看出去，则这小小岛屿上的生命力是变化多端的，生物多样性之丰富令人叹为观止，沙漠与海洋交错的生命形式，落在各个角落，有科学想象力的人，则常常会有处处是学问的惊奇。这里人种之杂，文化之多元，外人难以想象，而且还有史前人的考古遗迹，有了文化史观的人在这里可以时时有研究做，处处有故事可寻，我怎么会无聊，怎么会寂寞呢？"见证于他一本又一本科幻及非科幻小说，我们当然知道他在那里一定活得又充实又快乐的！

隔了30多年，重新读"太空漫游"系列，以为原先的心灵震撼一定会减低或消失。但事实不然，所有没有解答的疑惑，仍然得不到解答，虽然科学的新知已经又翻新了好几十倍。克拉克这一系列的太空漫游，由一个星系到另一个星系，其间发生的故事，有如地球在外太空的一面镜子，反映着人间世的种种复杂现象。真是天上有纷争，地上有战乱，所以有关生命、智慧、意义等问题，似乎上下都无解。真要求得答案，只有再往更远处的天上天去漫游，2001 找不到，就到 2010，再找不到，就到 2061，若还没找到，就耐心等到 3001 那最后的漫游吧，也许启示就在云深不知处呢！这绝对是个悲壮的旅程，更是个充满期待的旅行，千百年来，当人们抬头望日月、举目寻繁星之际，每一次的幻想漫游，不都是充满了罗曼蒂克的情怀吗？

日本东京的国家科学馆，有一个太空漫游的模拟室，以四面环场的 3D 影片，配合座椅的摇摆与震动，让参观者经历宇宙飞船漫游星系的经验，非常逼真，是参观人潮最多的地点。影片一开始，有一句话是很贴切也很确切的："太空的神秘，是一切科学的起始！"真是讲得太好了。黑夜白天分阴阳，浩瀚繁星现文明。幻想没有止尽，科技一波又一波的跃进。克拉克曾提出太空传讯的构思，如今已是人间常事（识）了，对这位先知科幻大师，我总是以膜拜的心情在读他的小说！

最后，我还是以他的话来结束这篇序吧："科幻作家不是要预测未来，而是要防范未来！"（《太空漫游四部曲》推荐，2006 年 10 月，远流出版）

3 昆虫的一生即人的一生

当我打开这本昆虫图像大展的书时，我不但看到作者一生
努力的成品，

更能聆听他对生命多样性所谱的乐章。

台湾是个小岛，从地图上看，它就挂在浩瀚的太平洋靠近亚
洲大陆的一端，就空间的比例而言，也许不那么起眼，但这块土
地上所孕育的生命形态之多样，却是世界上所有的生物科学家一
致称道的。在一个幅员不是很大的海域范围内，岛上有东南亚最
高的山峰，四周有直落万尺之深的海沟，每年寒暖流交错，各方
向的季节风由远处带来各地的生命种源，都在这里发展出不同形
态的生命表现。

我记得我念小学的时候，自然课老师带我们到阿里山去旅行，
坐小火车从嘉义站蜿蜒而上，沿途老师指着窗外的树木，不停的
告诉我们，那是热带植物，那是亚热带植物，那是寒带植物；那
是阔叶，那是针叶。老师说："生物多样性，才是台湾被称为宝岛
的意义！"我到现在都忘不了老师说话时那副骄傲的神色。

但多样性不只是指类别的差异，它其实有更深的含义，即使在物质世界和生态世界的生存条件是那么极端的不适当下（如极冷、极热、极高压、疾风不断，或极硬的石头缝边），都仍会找到各种形式的生命，这种弹性与韧性，才是生物多样性的精义之处。能欣赏生物多样性的人，才真能体会生命的可贵，才真能理解民胞物与的情操而有天人合一的境界。

所以，当我打开《李淳阳昆虫记》这本昆虫图像大展的书时，我不但看到作者一生努力的成品，更能聆听他对生命多样性所谱的乐章。每一种昆虫对他而言，都不只是一种要被标示的昆虫类而已，他亲近它们，了解它们的生态环境，记录它们的生活故事，待它们如至亲好友，所以他才能感受到昆虫之间的情感世界。他大胆的把这个想法写出来，对持传统的"人才是万物之灵"观点的学院派学者而言，也许会带给他们些许震撼，他们当中有些人或许会为这些"离经叛道"的非学术语言感到生气；或者，他们也有一些人会不以为意，认为李先生提出昆虫也有情感的说法，只不过是一些业余人员感情用事的喃喃自语罢了。

但我并不认同这些学院派的看法。我认为作者所观察到的是昆虫的生活体系，而那个体系是会因为其中组成分子的遭遇（例如死亡），使社会组织的平衡受到破坏。在恢复平衡的过程中，其他昆虫的反应，就是最原始的社会行为的表现。所以就这个意义而言，我是会同情作者的说法的，当然我的科学训练不会允许我做那样大胆的拟人化陈述。也许我该羡慕作者无拘无束的直觉与直陈。我们为了客观，就会把一些尚无法做到客观的观察抛弃，也许我们在研究的过程上，为了把洗澡水倒掉，却把澡盆里的婴儿一起倒掉了。李先生的这本书，真的一再引起我的反省！

1975年，生物界的大事是威尔森（Edward O. Wilson）出版了他最引起争论的一本大作《社会生物学》（*Sociobiology*），企图把类人类社会行为的观念，带进动物行为研究的范畴里，甚至把"牺牲小我，完成大我"这样高贵的情操套在虫蚁的行为中，试图解开"自私的基因"的桎梏。书刚问世时，学界对威尔森的看法，也立即有两端的反应。反对的人认为他在证据不完全的时候就痴人说梦话，有失科学家的立场。但赞成他论点的人也不少，他们认为威尔森敢言人之不敢言，而动物行为的研究如果只着重个体在生理解剖上的描绘，就不如到博物馆去看死的标本，只有把动物和动物（同属性或不同属性）之间的互动关系，放在社会组成的架构去了解，才能看到动物的生活形态，也才能感受到它们爱恨交集的生命表现。经过多年的努力，威尔森的社会生物学终于成为科学界的一门显学了。他前几年连续几本书都已经提到"人"

性的层次，骂他的人仍有，但已经是少数中的极少数了！

所以，我读李先生一则又一则的昆虫生活记事，我是以社会生物学的观点来欣赏的，一点也不会感到他认为"昆虫也有智能，会思考；有感情，会猜疑；会健忘，也会发脾气……"是一些"异想天开，匪夷所思"的看法。我其实还可以加上，昆虫也会"欺骗"（也许说"伪装"会使学院派的人舒服一些），也会有"诱虫入彀"的奸诈行为哩！

最喜欢看到李先生操弄自然界的一些事物，再去观察昆虫行为的变化，以作为论证的数据，他把田野当做实验室的做法，与生态生物科学的作为，基本上并无二致。他的故事更有趣，而且就发生在我们的附近，所以读来更为亲切。我真的很喜欢这本书，对李先生真是充满了敬意！（《李淳阳昆虫记》序，2005 年 3 月，远流出版）

4 知识小说的震撼
——Mike, You Did It Again!

科学原要带我们远离人类原始无知的恐惧，

却常常被用来制造对未来仍然无知的恐惧。

去年圣诞节，一位学生送给我一份礼物，是小说家麦克·克莱顿（Michael Crichton）的新作，上面附了一张小卡片，写着："科学原要带我们远离人类原始无知的恐惧，但科学却常常被用来制造对未来仍然无知的恐惧；什么才能真正让我们脱离恐惧，科学吗？"这几句话让我对克莱顿取名为《恐惧之邦》的小说真是充满了好奇，尤其，两年前奈米机械人集体入侵人体的小说《奈米猎杀》才让人惊魂甫定，我很想知道，这回，创意十足的克莱顿又要带来什么话题。

利用元旦假日的那个周末，终于把这本将近 600 页的小说，无暝无日一口气读了一遍，包括克莱顿本人在小说结束后对气候变迁与环保议题的深入思考。真过瘾！很久没有这么过瘾的阅读一本小说了。麦克·克莱顿再次出击，果然不同凡响，又一次震撼舆论界。在"京都议定书"生效的前夕，他居然发表了这本质疑

"气候变迁灾难论"的小说，引经据典，利用小说的情节，故事里的人物，义正词严地驳斥那些我们已经耳熟能详的灾难理论。怪不得小说一出来，就引起两极的反应。极端的环保人士恨死了这本小说，因为麦克毫不留情地指控他们是为了维护利益（或达成某个政治正确的目标）而经常有意曲解气候变迁的数据，甚至不惜制造"恐惧"的预测，以收取更多的捐款；另一方面，则有越来越多的读者，因为读了这本小说，而渐渐从生态灾难的迷思中清醒过来，愿意倾听另一种观点。当然也有一些研究气候变迁的专家，读了小说后，一开始义愤填膺，但仔细想想后，科学的训练使他们走出长久以来被媒体渲染所养成的制约恐惧的氛围，终于能摘下有色眼镜，对手中数据的诠释，有更中立、更审慎的思考了。

我一打开小说，就被书里的气氛所吸引，故事里的人物像"007情报员"电影里的凶狠角色，但故事里的情节却充满了实实在在的科技新知，尤其小说里对海啸（tsu-nami）形成的原理，与可能被引爆的过程，都叙述得那么清楚可信，显见克莱顿在下笔写这本小说前的准备功夫做得多么周详，对其科学原理真是了然于胸，而且他精心营造的悬疑之情，也使我对结局更加憧憬。虽然，在小说里，海啸的巨大灾难并没有形成，但对我这个在电视上目睹东南亚海啸的读者而言，联想到的画面是真的很恐怖的。

　　没想到小说里那丰富的知识内涵会带给我那样大的震撼，我不得不被克莱顿的饱学多识以及就事论事的执着所感动，他的用功与对文献的掌握，绝非一般的科幻作家所能及，而且他甘冒大不韪，"敢"在全世界都在大喊"温室效应"的时刻提出异议，也真是勇气可嘉，令人敬佩。所以我很用心的在读这本小说，不但边看边做笔记，而且对书里一再出现的各种数据与各类图表，不停的比对及思考它们的含义，甚至还经常上网去把书中所引用的一些原始文献，详细阅读一遍，以确定克莱顿在小说里的说法是有根有据的，而且我也很认真的把他所提到的有关气候变迁的科学争议，做了一番整理。果然发现，科学界对气候变迁的灾难说法，其实仍然是有很多存疑的，因为在我们的短暂生命中，对气候变迁的起伏，很容易因身历其境而感到意义重大，但若把时间拉长放远，看千百年来的气候变迁，则眼前小小的起伏，也许并不值得大惊小怪。这让我想起王阳明写的一首诗："山近月远觉月小，便道此山大如月；若人有眼大如天，便道山高月更阔。"

　　一个半月前，我到美国新墨西哥州的圣塔菲市开会，会议期间抽空到北部的印地安保留区参访安那萨西（Anasazi）族的考古旧址。这个族群在一万多年前曾在该地建立了相当先进的文明，他们住在大大小小的山洞里，农业、畜牧、教育都很有成就，但在800多年前，这个小王国突然瓦解，居民抛家弃洞，不知所终。考古地理的科学家告诉我们说，他们离开的原因是气候长年干旱，五谷不生，吃不饱，只有出走了。

同样的故事发生在中南美洲马雅文明，科学家发现，他们也可能是因为长年干旱而离开所建造的帝国，如今只留下金字塔状的古迹，供现代游客凭吊膜拜。所以，当我们在关心地球持续加温的现象时，也许我们应该问两个问题：我们现在的气候比800年前更热吗？还有，我们现在的热和800年前的热会有同样的含义吗？

另一方面，我们应该都还记得，30多年前，科学界不也传说地球即将进入小冰河期了吗？那时候，我们只关心北极的冰原是否会增加，哪知道现在忽然反过来担心北极的冰山是否会因气候变热而融化变小，使海水因而上升呢？也忧心格陵兰岛到底会变绿（天气变热了，树多了）还是会变白（天气变冷了，雪更厚了）呢？

说真的，这本小说绝对可用来作为学习科学方法最有效的补充教材。它一再提醒我们科学是不完整的，而不完整的知识体系，太容易被断章取义，用来制造恐惧。最可怕的是，科学知识虽然不完整，但因为它们总是被包装得次序井然，又是数字，又是图表，整整齐齐的，就比较不会有人去注意到测量的准确性等问题。比如说，我们对"环境"的历史知识并不完备，对用什么方法才叫"保护"，往往也言过其实；又如对下一百年地球温度的计算，科学家的计算机模拟，误差可能会高达400%，但常常看到某一方人士提出一个计算出来的数字就紧咬不放，丝毫不顾其不准确的特性。

《恐惧之邦》是克莱顿的第十四本小说，严格说来，如果要以一个词来形容他所有小说的独特之处，则以"知识"两个字来加以表达，是非常恰当的。他的每一本小说都点出了科技知识在某一个领域的展现。他的能耐就是把复杂的概念，用很生动的故事表现在现代人的生活情境中。这些知识的巨大能量常常会令读者感受到震撼的心情，但紧跟在震撼之后，就是一股不由自主的不安。这个不安非常真实，常常在小说看完之后，仍然在脑海中盘旋，总觉得书中所提的科学预测，即将发生在现实世界中。而最令人感到惊奇的就是，克莱顿小说中所描绘的场景，竟然真的就在现实世界中一一呈现。

读过他在 1969 年出版的《天外病菌》(*The Andromeda Strain*)，对前几年发生的伊波拉病毒及 SARS 病毒所引起的恐慌，应该就不会感到陌生，对 P4 实验室层层防护的措施，也就不会感到过分烦琐与冗余了；此外，《侏罗纪公园》虽然是异想天开，但随着基因复制的技术越来越精进，我们谁也不敢说，那些猛龙一定不会从银幕奔向人间；《奈米猎杀》的奈米机械人又何尝不是如此呢？2004 年 12 月初《恐惧之邦》出版了，而年底在东南亚海域上就发生了强大的地震，与排山倒海、杀人无数的海啸大灾难。难道说，克莱顿真有预测未来的"天眼"吗？

　　当然不是！其实，克莱顿对每一个他想深入讨论的议题，都花费相当大的功夫，很努力去建立一套完整的知识体系，而他预测的准确性，就是那个知识体系的自发性表现。也因为如此，克莱顿的小说每一本都充满了知识的魅力，做他的读者，很幸运！Thanks, Mike, you did it again!（《恐惧之邦》推荐，2005 年 6 月，远流出版）

5 记忆"罗生门"

记忆是一个重新建构的过程，

不停的按照后来加上的讯息去修改前面的"真相"。

影响本世纪的三大理论——马克思的社会主义理论，弗洛伊德的精神分析理论，达尔文的物竞天择理论——其中的一个正接受着严重的考验，本书就是对弗洛伊德的精神分析的基本核心——压抑——提出革命性的挑战。屹立不摇的是达尔文的进化论，它将带领我们进入 21 世纪，在基因工程的主宰下，重新界定人与自然的关系。

《记忆 vs. 创忆》这本书的作者伊丽莎白·罗芙特斯（Elizabeth Loftus）教授是我的朋友，我们曾经一起开过会，共同参与美国联邦政府审核研究补助费的小组会议。当年，大家对于实验心理学家走入应用心理的领域非常不谅解，觉得她自贬身价，去法庭作证，趟这个混水。但是在这本书中，她将自己从实验室的象牙塔中走出的心路历程交代得非常清楚，一个研究者的确有将研究成果反馈社会、造福人类的义务。她看到了当时压抑记忆所引发的黑旋风像瘟疫一样，被扫到者莫不身败名裂，家破人亡。在哀鸿遍野、有冤无处申的情况下，她毅然决然的跳下这个火坑，出庭作被告的证人，将自己的研究方向转向法庭上证人证词可靠性的研究，我想她的精神是值得喝彩的。这个领域在她的努力下，也打出一片天地。

其实认知心理学家早在 1932 年巴特勒（Frederic Bartlett）的"印第安勇士"实验中，就明了记忆是一个重新建构的过程，而不是像以前的学者所认为的，如录音机、录像机把发生的事件忠实记录下来的过程。巴特勒给英国的受试者看一个他们所不熟悉的美国印第安勇士的故事，看完后，请他们将故事回忆出来。巴特勒发现受试者会用既有的认知架构去解释新的讯息，并将一些英国文化里所没有、他们不熟悉的事件合理化后，储存在大脑中。因为记忆是个依据原有的认知架构去重新建构的历程，因此，记忆是相当脆弱的东西，不停地按照后来加上的讯息去修改前面的"真相"。

同时，因为记忆中最有效率的码（code）是语言码（虽然影像、气味等也是有效的提取码，但是在入码时，最有效的还是语言码），而 1972 年布兰斯佛和约翰逊（Bransford & Johnson）的实验，又让我们知道我们对语言处理过程是直捣深层结构的语义，而将表层结构的主动或被动句型及字序等很快的忘记。所以在法庭上要求证人重复当时两造所说的话，其实是很不合理的，因为证人可能会记得两造对话的语义，但其实是不记得双方当时所用的字（exact wording）——这点我们平常在生活上也有体验：小朋友吵架了，向老师告状时，常常只说得出"老师，他骂我"，至于对骂的细节、用的字眼，其实是记不得的——加上人在目睹凶杀案时，紧张的情况下，对逐字逐句（verbatim）的记忆更是不真确。

很可惜的是，在这本书出版以前，没有人将实验室中的发现变成大众可以懂的话，让警察和民众对记忆有个正确的认知。我们都对自己亲眼所见、亲身经历的事深信不疑，完全不能相信同一事件竟然可以有许多不同的版本；《罗生门》这部电影能够让人一看再看、历久而不衰，主要就是它点出了记忆的这个特性。罗芙特斯的这本书在这方面也很有贡献，她把记忆的这个特质表达得很清楚。

当然啰，罗芙特斯这么清楚地说明记忆是建构与重组的结果，其用意即在指出这整个历程是多么的脆弱，而一些号称"被挖掘"出来的记忆则很可能是被外界讯息所引导而一再建构的结果。弗洛伊德式的分析学派治疗者，必须靠刺激语言去引出病人最深层的记忆，但引导本身却会造成病人"信以为真"的记忆。这个危险的吊诡对整个分析理论的实验绝对是个致命伤，对那些被"前世今生"的说辞所迷惑的人应该也是一当头棒喝!

唯有科学的真谛，才是解除疑惑的药方。你说是吗?(《记忆vs. 创忆》推荐，1998 年 1 月，远流出版)

6 做个快乐的时空行者

每个人都可以凭借着网络的链接，在越来越丰富的数位文化的典藏中搜寻游荡，上天下海，无所不能。

如果我有一部时空飞行器，我要去的地方可多的呢！毫无疑问的，我的首航一定飞向 2300 年前的埃及，到亚历山大港的藏书库，去拜见那一位在澡盆里大喊一声"Eureka"的科学大师阿基米得，看看他如何辨认出国王纯金打造的皇冠为何成色不足。在那个木造的智慧之城里，我一定也会见到欧几里得。喏！他正俯身在雕饰精美的桌上，在一张画满各式各样几何图形的羊皮纸上比来比去，做什么呢？在证明等边三角形的两个底角一定是有相同的角度吗？

库里静悄悄的，我走到一堆羊皮卷、草皮卷前，想找到希巴克斯写的《星球图志》，心里想着，要在这 70 万卷书里找到一本书，不就象是海底捞针一样困难吗？不然！这些藏书排列井然有序，分类清清楚楚的，我一下子就找到了天文类，又一下子就根据作者姓名的第一个字母，找到了这本记录完善的星象记事图志，果然是有耶！

我抄下了上面的星座图，搭上了我的时空飞行机，飞往未来，来到了意大利拿坡里的博物馆，那里有考古学者刚挖掘出的擎天神大理石雕像，刚刚才被清洗出来，擎天神高举的圆球上刻着天上的各个星座，我拿着抄写下来的星象图一比对，妈妈咪呀！一模一样呢！希巴克斯的大作虽然随着亚历山大藏书库的火灾付之一炬，400年后，却透过罗马王国的雕刻大师之手，把灰烬里的智慧，重现在大理石雕上。这趟飞行，得见图像原件，也一窥其历经灾难，却又能浴火重生的景象，真是不虚此行！

既然来到意大利，就不妨调整时空的交会点，去拜访达芬奇的故乡，实地访查一下这位大师家乡的生活形态与风土人情，也许我可探知蒙娜丽莎女士为何笑得那样神秘！当然我更要一一解开"达芬奇密码"，看看达芬奇《最后的晚餐》的画里，那位站在基督耶稣右手边的红发模特儿当真是女的吗？圣杯真是基督耶稣子嗣的代号吗？

乘着这部时空飞行机，我也一下子就到了东吴的江边，看孔明如何借箭，然后再去赤壁的战场，体认火攻连环舰队的惨烈战役。我去拜会了胖贵妃、瘦西施，随孔子周游列国，然后回到3000年前的台湾，和达悟族的祖先们乘船南下太平洋，一路航行到纽西兰，成为毛利人的先祖鲸骑士。

其实，这不是幻想，这是全世界网络信息大整合的必然成果。各个先进国家的博物馆及图书馆的收藏，都在专家学者的共同努力下，逐渐完成了数位文化典藏的巨大工程。在共同的规格与标准之下，建立共通的联合目录，后设资料的诠释与层次越分明，各个不同社会文化就越有机会联结在一起，数据探勘的可能性就越强。历史的事件，可以某一个片刻，异地同步的被分析出来，其综合的含义，也就跟着被突显了。研究者所建构的内容越准确，则重温那历史的片段也就越真实。

每个人都可以凭借着手边的笔记型计算机，经过无线网络的链接，在越来越丰富的数位文化的典藏中搜寻游荡，上天下海，无所不能。现代信息科技所建构的平台，利用时间、空间、天候、语言四个主轴，整合全球的网络，形成一部如假包换的时空飞行器！

我以一指神功的能耐，轻点画面，穿越时空，来到美国新墨西哥州的北部，看到了 800 年前的安那萨西人正从他们所建立的穴居文明中消失在沙漠上，我终于知道是为什么了！（《科学家死也要做的 100 件事》专文，2006 年 4 月，远流出版）

7 走出资优竞赛的迷思

有些开始很好，但最后并不好，

但也有开始很糟，最后却很好的。

台湾的教育对知识的表现是特别敏感的，因此，"如何评量出知识的高低"这件事就成为学校教学的重点，在大考频繁、段考不断的教育环境下，学生们若不能在身经百战的体验中变成考试能手，就会被错误地认定在往后发展的道路上，前途无"亮"！

是的，我在上一个句子中特别强调"错误的认定"，是有意发泄我对整个社会把"绩优"当作"资优"的唯一标准的不满。因为教育界的研究者以及科学界的大老们，一方面口中讨伐"唯智主义"的科学考试遗毒，一方面却总是乐于担任各种"资优"竞赛的代言人，他们心中想的不外乎"发掘天才"越早越好，且"天才"论在经过知识经济的迷人外衣包装后，更添加了珠光宝气的风光。

问题是，无论教育界或科学界，对"天才"的界定永远是模糊不清的，也从来没人好好检讨，到底这几十年来各类奥林匹亚竞赛金银牌得主中，有多少人是成就非凡的？还是只有比一般"稍好"一点的成就而已？根据美国的统计数据，这些小时了了的"天才"虽不至于大未必佳，但充其量也不过是"so so"而已！

倒是有一项数据更值得我们关心。如果我们不要由"小时了了"去预测"大注定佳"，而反过来由后来的大成就去寻找他们小时候的人格特质，则我们看到的是，有太多的例子呈现小时"不"了了、大反而佳的形态。爱因斯坦当然是最明显的例子，邱吉尔、毕加索也是一样，历史上更充斥了像这样的例子，哥白尼、伦勃朗、巴哈、牛顿、贝多芬、康德，甚至达芬奇，以他们小时候的成绩表现，是绝对进不了资优班的。

也许，有人马上指出来，莫扎特4岁就会作曲了，不是天才是什么？但没有人仔细去思索，他4岁时所作的曲子，有哪一首是流传至今的？他后来的大成就，其实是建立在他6岁以后每年超过3500个小时的艰苦锻炼上。还有，莫扎特爸爸培养儿子的苦心与不停的敦促，才是莫扎特小时候有那样显著成就的缘由。当然，没有人能否定莫扎特一生的伟大成就，但那跟他小时候是否是天才绝对是两回事，后天的训练是不可以被忽视的。

另外，一个令人担心的现象是，某一类能力资优班的设置，会造成某些具有潜力但尚未发挥、因之被屏除在班外的学生，从此不再从事该项可能有相当潜力的工作了。这种"标记"的反效用其实是满伤人的，尤其心理测量有太多的不稳定性，更是"绩优"取代"资优"的祸首，这样的错误所造成的"机会"落差，才是社会不公平的缘由。因为太强调竞争，太早把学生分类，又无好的分类准则，使原本应该开放的教育平台，变成大多数学生望"台"兴叹的结果，这样的反淘汰就让教育失去公正性的真义了。

当然，绩优生中一定有不少真正的资优生，及早找出他们给予更丰富的训练，一定可以提升能力的质量，带给这个社会更多的创意。但这样的期待并没有那么如人所愿。20世纪80年代中期，美国有一个大型研究，定名为"重访天才"（Genius Revisited），针对纽约市最有名的亨特学院之附属小学（Hunter College Elementary School）追踪其30多年来毕业校友的事业成就。亨特学院附小创立于1920年，设立宗旨是要为美国培养未来的学术精英，因此，只收IQ在155以上的学生，它也拥有纽约市薪资最高的师资，学校的设备更是一流。但这高级训练营的成效如何？竟然没有一位诺贝尔奖得主，也无普立兹奖的超级明星，而且在各个学术领域中，更无"家喻户晓"的人物。整篇报告以"这众多校友的成就还可以啦（simply okay）"，而且笔触充满了失望的音调。所以，"天才儿童"不一定是"天才成人"，也不一定有"天才的创意"！

类似结果的报告也出现在其他领域的才能班中，加拿大安大略省（Ontario）的报告是针对运动员特别训练营，结论是："有些开始很好，但最后并不好，但也有开始很糟，最后却很好的。"（Start good and go bad or start bad and end up good.）这样的结论虽然令人失望，但却一针见血戳破我们对资优班训练营的期待。

当《数字高手特训班》这本书的主编把译稿交到我手上时，我花了两三天仔细研读作者对数学奥林匹亚美国队的成员所做的介绍，也对其反省数学奥林匹亚竞赛的迷失留下很深刻的印象，但我最钦佩的是他能从观察竞赛的多年经验中，去思考数学解题历程中各项认知与心理的因素。何谓洞察力？何谓创意？有个别差异吗？男生的数学能力真的优于女生吗？什么是先天的赋予？什么是后天的养成？这些都是值得教师、家长、校长、教育行政主管以及高举教育改革大旗的人士谨慎思考的问题。

我读到好书就会反复思索好几天，这本书确实是让我想了好几天，才决定为它写了这篇带有很多个人意见的导读，希望引起更多人对"过度强调竞争之负效应"有更多的讨论。（《数学高手特训班》序文，2007年1月，远流出版）

8 智慧的见证

要了解人类的智慧，千万不要看智力测验是如何编的，

真正要念的是伟人的传记与他们留下来的论著。

"人之异于禽兽几希？"这是中学的时候，一位教我们自然科的老师，用斗大的字体在黑板上写下的句子。那时候，我们全班同学被要求去写出来那"几希"的答案。大部分的同学都写出"人比较聪明"的答案；有些同学的答案是"动物不会说话"，更有少数的同学说"动物不会算术"。老师给的标准答案是"禽兽没有恻隐之心"，所以做人要有同情心，要孝顺父母亲，更要敬爱师长，爱乡爱民。

我对这件事印象深刻，记忆犹新，是因为我的答案是："人就是动物，他和禽兽是没有差别的！"老师罚我在教室后面面壁思过一个小时，而在那一个小时内，我反复思考，就质的考量上，怎么想都想不出人性有比动物性更高明的地方。为了这件不接受教诲的事件，我被恩赐"泼猴"的诨号，以标示我"猴性不改"之事实。

几十年后的今天，如果我面对相同的问题，我非但"猴性不改"，可能还会像莫里斯（Desmond Morris）一样的大声呐喊："人本来就是个'去毛的猩猩'罢了！"但这已经不是那位中学生的嚷嚷而已，我是从许多动物行为专家和社会生物学家的研究中所得到的证据，来支持"几希其实就是没有"的结论。但是，人类的成就怎么可以被忽视？有人发现猴子发明了火箭吗？当然没有；有人玩过猩猩制造的电动玩具吗？当然没有；有人读过猫在打字机上（我家的猫最喜欢在键盘上游走）打出的《哈姆雷特》吗？当然，当然更要大声的说："没有，没有！"

然而，我们人类却不得不自讨苦吃的问："现在没有，那难道将来永远不可能出现吗？"我家的猫曾经在打字机上"乱踩"，却踩出了 cat 那三个字母。所以，现在不太可能（not probable）的事，绝非是不可能的（impossible），理论上是如此，不是吗？

这不是自找麻烦吗？要在这芸芸众生相上，去寻找智慧的根源，是否会永远没有真相呢？答案是可能不会有，因为我是比较悲观的。而且心理学家花了一百多年，想建立"智慧"的模式，从一开始就注定要失败。因为没有一个科学家知道如何界定"智慧"这个概念，所以最后演变的结果，竟然是"在智力测验上的成绩，就是一个人的智慧程度"。但如果我们不知道如何界定智慧，又如何有智慧去设计智力测验的题目呢？所以，心理学家又得收集各种能力测验，然后发明因素分析（factor analysis）的统计方式，去自圆其说地说明这些因素就是代表智力的内在结构。研究者为了强化自己的信心，又提出建构效度（construct validity）的概念，以求理论的完美，而且再将隐含文化差异的题目一一剔除，达到了测试的普遍性。

然而这一切的努力都白费了，因为铲除了文化与生活的情境，那剩下来的智慧，大概也没有什么真正的用处了。事实也是如此，这世界上许多伟大的成就，往往和智力测验上的高分没有太大的关联；而智力测验上得极高分数的人，也往往不是能为社会的困境提出解决方案的创意人。

所以，要知道智慧是什么，最好不要问心理学家，也最好不要从人性与兽性的区辨上去找答案。我们应该要从"成就"本身去界定智慧，我们要探求的是在某一个世代，在某一个社会文化的条件下，某一个人如何成功的完成了某一事业，他的经历，他的言行，他的做法，他提出的理念，都不可能一样的。但为什么他们的论著会在当时受到注目而有那样强的影响力，有些甚至隔了多少的时空，却仍然在我们阅读他的思维时，感到历久弥新，而其中的字句仍然铿锵有声？斯金纳（B. F. Skinner）这位行为主义的祖师爷说得好："要了解人性，千万不要读斯金纳，真正要读的书是马克·吐温的小说集。所以要了解人类的智慧，千万不要看智力测验是如何编的，真正要念的是伟人的传记与他们留下来的论著。"

　　圆神的这套"经典智慧"汇编，我实在很喜欢，阅读这里面的每一位人物和他们的论著，让我对历史有不同的感受。这些人物散居各个世代，也代表着不同地区的政治文化体系，他们以各种方式描绘人类文明的特征，并且在反省与批判中，指出文明的各种困境，也试图提出解决的途径。诗人在贫苦中成熟，哲人在灾难中变得深刻，而科学家却能在简朴的公式中，看到宇宙的规律之美。这才是智慧，活生生的智慧。只有阅读这些论述，我才真正感知到人是动物，却能拥有超越动物性智慧的那份骄傲。也因为我们有了这样的智慧，我们才能体认我们的责任，就是使这个智慧永续发展。（"经典智慧"书系推荐序，2005 年 10 月，圆神出版）

9 动人的生命演化故事

生命科学的进展在全世界有目共睹，但在台湾眼见耳闻都是医药、科技、产业，

少有人从基因谈到人类的演化历史。

"心智大爆炸"发生在五至七万年前，使人类的演化就此改观，从此时此刻因感官肢体的活动而感知的存在，进化到有能力缅怀过去、体认现在并可计划将来的认知意识状态。这样的想法并不新鲜，却是本书《心智简史》作者威廉·卡尔文（William Calvin）近年来常常挂在嘴边的说辞。

两年前他来"中研院"参加"演化与语言变迁"的研讨会，在做主题演讲时，PowerPoint 打出来的第一张投影片就是"The Big Bang of Cognition"，接下来当然是"大爆炸"前后人类生活型态的比对，从生理（脑的容量与结构的变化）、使用的石器、"创造"的工具、猎食的行踪与方式、可能的社群生态（例如由小灶到大灶）等等，去说明人类的生命有了跳跃式的提升；他尤其对五万年前这个时间特别重视，因为人类的智慧就在那"瞬间"

起了变化，而那个变化使人类挣脱了时空的限制，终能拥有不受物理和生理世界所操控的心灵世界。

我一直相当认同卡尔文的说法，不只是因为他在早期的一本书 *The Throwing Madonna* 中，引用了我的时间机制来解释脑的侧化（cerebral lateralization）现象，而是我这几年也对洞穴里的画作一番思考，因为在我所作语言与脑关系的研究里，文字的出现是把人脑的储存功能外移的一种表现，而五万年前开始出现的洞穴画，其实就是这个脑功能外移的历史源头。这里有几个问题值得思考。

第一，把眼前的事物画下来，就可以下次再来看，别人也可以从远处走过来看，因此，沟通交流的方式也不再受限于说话可以传到的范围，时空的禁锢都给冲破了。

第二，从五万年前开始的画，内容也有所改变，除了颜色的增强可能伴随着对美的欣赏渐有提升之外，画中动物与物件的安排随着时间的演进，出现了"精心"安排的布局。也就是说，画的内容由静态的描绘（depiction）到有"意图"的特别设计，可以看出人类的心智活动已由"计算"进展到"算计"的阶段了！

第三，洞穴里的画越来越有故事的象征性质，而且不同的人看画，竟然会说出相似性很高的故事内容，意味着由抽象的概念转成具体图像的共通法则已经确立了。有了这些共通法则，则画意是可以流传的信念也建立了，人类追求的已不是此时此刻，更重要的是不朽的境界了！

最后，这些画真的是起源于五万年前吗？六万年前的人不会画、不"想"画吗？这有三个可能性：有画，但没有保存下来；有画，也保存下来，在某个还没被发现的洞穴里；真的，六万年前的人，还没有发展出画画的心智能力。

这三个可能性，第一个最不可能，因为六百万年前的人造事物都被保留下来了，六万年前算什么？第二个可能性也不太高，因为只要保存就会被找到的事实，在考古人类学的领域里，一再被证实，尤其是在多处的洞穴画被找到之后，许多业余的人士都加入专业人员的行列，深山、海边都寻遍，找到更多的洞穴画，就是找不到六万年前的洞穴画，所以，五万年前这些突然涌现的画，真的是前无古人的创举。

我想所有读到我对卡尔文心智大爆炸理论所延伸的想法的读者，一定想去碰触另一个核心问题，那就是，什么事情发生在五至七万年前，使人类心智就这么引爆了？！卡尔文在这本书中，收集相当多有科研凭据的故事，一一道来，令人神往。我真的很希望我们的学生都能仔细聆听这些故事，对生命有所认识，对自我的成长就会有期许了!

　我不常看电视,但有时候在朋友家,偶尔也会和朋友一起观赏电视上的节目,我发现很多人喜欢看国家地理频道及探索频道的节目,尤其很多考古、历史、科学发现的节目都很受欢迎,但是喜欢归喜欢,我们的考古系却乏人问津。难道这全然是功利主义的表现吗?我想也不尽然,主要是学生们在一味考试的升学压力下,很难培养出对考古人类学深切的认识,他们平日的阅读也很难有机会把考古当作人生的志业来考量,出版界也很少出现相关的著作与译本,所以,学生们在人类演化的知识,真的是非常贫乏。

　这些年来,生命科学的进展在全世界都有目共睹,但我们听到的、看到的都是医学、科技、产业,很少有人从基因谈到人类的演化历史,这当然反映出台湾生物科技界的功利面,但更显现出整个学界对文化的演化和基因的关系似乎是不太关心的,或者说是没有足够的科学文化背景去理解其重要性。

　卡尔文的书一本比一本更受到读者的喜爱,最主要的是他能说很动人的生命演化的故事,又能把严谨的科学发现,用生动的日常语汇来加以说明,尤其在一些关键的科学发现上,他对其和人类演化之间的关系,总能一言中的,令人深思。我们真的要多读他的书，不但能持续得到新的科学知识，更能在人类如何演化成为现代人的问题上有所理解，对未来人类的知识走向，也会有一些警觉！（《心智简史》推荐序，2006年7月，久周出版）

后记 REMEMBER THOSE GOOD OLD POLA DAYS

I don't remember whether I first saw it in Autumn or in Spring, or possibly in Winter, but definitely not in Summer because all of the us wore heavy jackets on that particular day. The little wooden building, which housed the Project on Linguistic Analysis（POLA） and *the Journal of Chinese Linguistics* （*JCL*） in the University of California, Berkeley, was an old New England family house, very homey and very beautiful, perched on the curve of the Piedmont Avenue across the huge Golden Bear football stadium. I fell in love with it on that first sight and after so many years from that first visit, still remember the cozy feeling of that little conference room, which was in fact converted from the living room of the old family house. A big solid conference table was set in the middle of the room and a dozen or so chairs scattered around it. There was a fireplace in the corner of the walls and somehow I always seemed to be able to

195

smell the burning woods in the room even though the fireplace had not been used for ages. It was in this room that all POLA participants met and discussed their research data and new ideas in a most informal manner. The atmosphere was most enchanting and everyone knew they came to learn from one another and enjoy the delight of the intellectual camaraderie.

Not too far from POLA was the famous International House of UC Berkeley, where many of the out of campus POLA visitors used to stay when they came for the annual POLA get-together. We usually had our lunch in the student cafeteria and drank our afternoon espresso on the porch, peeking through the Oakland fog and having a glimpse of the San Francisco Bay. Many of our more serious talks took place there over the refilled coffee. Some of us, being tired of the western food, would walk down the Durant Avenue and had a giant bowl of beef noodle at the Chinese restaurant across the Telegraph Street. At the end, we all had fortune cookies and in one occasion, the whole group （lucky 7） got the fortune slips which printed exactly the same words: "Learning makes one smart." How appropriate the sentence was for all POLA people!

That was the way the POLA meeting started. People wanted to have a place to meet casually and present their half-cooked research ideas to friends they had not seen for a while. Bill Wang was in charge, being the head of the household at 2222 Piedmont Avenue and the Chief Editor of *JCL*. But as in a usual Wang's style, he never told us any meeting agenda. (In fact, there was none anyway!) So, everyone was expected to talk about their research progress in any manner they chose. I was the only one who had to use a slide projector and during the pre-power-point era it was very difficult to get a projector from the Linguistics Department: Linguists preferred paper handouts and they just did not trust the idea that machine would take over our hand work. So, I had to hand-carry a slide projector all the way from southern California. Being the only psychologist within the POLA gang, I was always amazed and impressed by these linguist friends who could easily come up with exotic sentences and took them apart into pieces and then draw a complicated picture of jungle trees, with branches all over the page. They did this on the spot and I had to admit that no slide show could top that. However, knowing that a monkey like me could never draw a "Donkey" picture out of a sentence, I decided it was better for me just to stick to my slide presentation in order not to show my "horse feet" in front of these real POLA linguists.

We usually started our meeting around nine o'clock in the morning and Bill would always want me to take the first shot. His reason was simple: Ovid was able to get people excited about research and he was not afraid to say some "Linguistically wrong" things (i.e., including his own grammatical and phonological errors), due to his linguistically naïve background. So, I set the tone for not to worry about saying wrong things, and the others followed by talking about linguistically right stuff. The interchanges of ideas and data among the participants were peaceful at the beginning, became critical when more real and imagined sentences were analyzed, and in few occasions could turn into heated debates when theoretical orientations ran against one another. These interchanges could easily be extended to dinner reception at Bill's mountain house but, of course, in a friendlier atmosphere. But even with a much reduced voice of gentle conversation, one could still feel the tension of the arguments all over the house.

The meeting continued to the next day, with a new set of people presenting a new set of data and arguments. It was also a good time for younger investigators to put their research proposals on the table and helpful comments would came naturally from all the old hands in the room. I always found the discussions across generations of researchers most stimulating because linguists trained in the Western thinking mode of formalism were making every attempt to reconcile their thought and data interpretations with the long tradition of Chinese philological studies, which spanned thousands of years and had cumulated a tremendous amount of dialectical data with a great deal of linguistic insight. I have to admit that before coming to the POLA meetings, I had never thought about doing any psychological experiment with the Chinese languages, with respect to either written or spoken forms. But the POLA discussions taught me a lesson about how human cognition should be studied. In my cognitive psychological experiments, I thought I was studying some rapid mental operations that computed and transformed input information within mini-seconds. In fact, I was measuring the processes which were supported by the vast amount of interconnected linguistic knowledge; without such knowledge, the rapid computation was basically impossible. No serious cognitive scientists can advance any great achievement if they ignore the linguistic aspects of human cognition.

POLA meetings had always been interdisciplinary in nature. Bill would always invite his friends from different disciplines to present their work. Chuck Fillmore loved to come and hummed the Autumn Song（composed by Bill with a lovely poem, which was later translated into a Chinese poem by Ovid）. His case grammar talk, premature in those days but made great impact on cognitive studies of text comprehension in later years, had been lingering in my mind for all these years. Paul Kay came once to discuss his intriguing finding of how our perceptual system affected the emergence of color terms, rather than the other way around, across different languages. Vince Sarich's analyses of the skulls of Peking Men and their implications for the relationship between brain size and intelligence were most galvanizing intellectually. Of course, we no one would forget our beloved Lucas Cavalli-Sforza whose talk on cultural transmission and evolution added an important genetic dimension to how people migrated and language evolved.

POLA meetings in many ways provided the research field a much needed synthesis and charted the new directions for future research. Many influential research papers developed out of the POLA talks were published in most prestigious journals such as *Language, JCL, Nature*, and so on. The International Association of Chinese Linguistics was established with a deep root in POLA as well as *JCL*. But at the end of the 1980's, POLA meeting suddenly came to a stop because many eminent scholars of Chinese linguistics simultaneously took settlement in different parts of the world. Without Bill and the POLA gang on the Berkeley campus, the building, still housing the operation of *JCL*, seemed to lose its soul. I went by POLA during one of my recent conference trips in the Bay area. The plum trees in the backyard were full of yellow plum fruit but like in the past, no one on campus seemed to care for them. It is a pity that so many dropped on the ground. When will the POLA gang be back to pick them? I peeped through the window to take a look inside. I saw the fireplace but I did not see anyone around. It was a heartbreak moment to move away from that window. For some reason, I kept hearing the sad melody of the Autumn Song coming through that window facing Piedmont Avenue.

Those were the good old days of POLA. In retrospect, I know there is no way we can duplicate that experience. How lucky we were in those years! Of course, we are always in debt to Professor Bill Wang and his POLA house at Piedmont Avenue. How fortunate we are now to have the opportunity to gather all the POLA people in Taiwan to celebrate Bill's 70th birthday. But, as Bill commented in his opening remark: there is an urgent need for the research field of the Chinese Linguistic studies to rediscover and try to sustain that POLA spirit. New research tools are making their ways to tackling some old core linguistic questions that await new solutions. Brain imaging, bioinformatics, language-informatics, geo-information-science（GIS）, and sophisticated computational modeling and simulation techniques are readily available in the information network platform. The new generation of researchers needs to find a new research paradigm to have a better conceptualization of linguistic behaviors in an evolutionary perspective. Establishing a discussion forum of interdisciplinary in nature is a must for the success of future research endeavor. Therefore, we have to constantly remind our younger generations of researchers: Create you own POLA! (《永远的 POLA：王士元先生七秩寿庆论文集》，2005 年 12 月，"中央研究院"语言学研究所出版）

图书在版编目（CIP）数据

科学向脑看/曾志朗著．—杭州：浙江大学出版
社，2014.10
ISBN 978-7-308-13485-9

Ⅰ.①科… Ⅱ.①曾… Ⅲ.①科学知识－普及读物
Ⅳ. ①Z228

中国版本图书馆CIP数据核字（2014）第149348号

本书的中文简体版由作者授权出版。
浙江省版权局著作权合同登记图字：11-2013-219

科学向脑看
曾志朗 著

责任编辑	杨苏晓
营销编辑	李录遥
装帧设计	罗　洪
出版发行	浙江大学出版社
	（杭州天目山路148号　邮政编码310007）
	（网址：http://www.zjupress.com）
制　　作	北京大观世纪文化传媒有限公司
印　　刷	北京中科印刷有限公司
开　　本	880mm×1230mm　1/32
印　　张	6.75
字　　数	115千
版 印 次	2014年10月第1版　2014年10月第1次印刷
书　　号	ISBN 978-7-308-13485-9
定　　价	32.00元